# おしゃれは7、8割でいい

地曳いく子
Ikuko Jibiki

光文社

## はじめに　最近、なんだかしんどくないですか？

去年から今年にかけて雑誌「ＢＡＩＬＡ」や「ｗｉｔｈ」など、いつも接している読者の方々よりいくぶん若い皆さんとお話しする機会がありました。

そこでこんな声を聞いたのです。

「毎朝、服を選ぶのが本当にめんどくさいです」
「何を着たら正解なのかわからない」
「カジュアル上手になりたいのですが、カジュアルが苦手で……」
「服を見てもワクワクしないのですが、必要だから無理やり買ってます」

えっまだまだ若いのにおしゃれに疲れてしまったの?と衝撃を受けました。

そんなこともあり、この本は今までの私の本の読者「大人すぎる大人」の方よりもう少し若い40歳くらいの方向けに書きました。


これくらいの年齢は、仕事や結婚、子育てとライフステージが変わったり、体型も変わり始めておしゃれ迷子になりがちな年代ですから、そう感じても無理はありません。実際、私もこれまでいくつもの本で、そうしたお悩みに対する処方箋を提案してきました。

たとえば、

「着回しするためだけのムダ服を省けば、自然におしゃれになれますよ」

「朝起きて何を着ればいいかわからなくなったら、昨日と同じでいいんですよ」

「気に入っていて似合う服なら、週に2~3回着てもいいのよ」

「うまくいったコーデをセットにしておいて、1日おきに交互に着てみては?」

などなど……。

四十年近くファッション業界で生きてきた私が「着回しなんて考えなくていい」

「そんなに買わなくていい」と言ったことで、たくさんの人から、「楽になりました」とずいぶん感謝されました。

ところが、今聞かれるお悩みは、それともちょっと違うみたいなのです。

今までが、「おしゃれをする気はあるんだけど、うまくいかない」というお悩みだったのに対して、今は、「**おしゃれをする気力自体をなくしてしまいました**」という感じ。

人間、おしゃれをしなくても死ぬわけではありませんから、したくなければしなくていい、と、基本、私は思っています。でも、よく聞いてみると、「気力はないけどおしゃれをしなくてはいけないから、頑張っている」ようで、かつてのお悩みよりいっそう深刻でしんどそうなのです。

いったいこれはどういうわけ……？

そんな疑問から、この本の制作が始まりました。

白状してしまうと、かくいう私自身、この頃おしゃれがしんどくてしかたがありません。正直、もうずっとジャージで過ごしたいくらい。（笑）

私の場合は、若い人たちとちょっと事情が違います。長いことファッションの仕事をしてきたせいで、今の服はどれもこれも過去に通過してきたものばかり、既視感がハンパないです。何を見ても新鮮に感じられるものは少なく「あ、これ着てたわ」「持ってるわ」という具合で、すっかり服を買うモチベーションがなくなっているのです。じゃあ手持ちの服を着れば良いかというと、それも違う。それを着る私自身が古びてきているので、「昔の服をいまだに着ているかわいそうな人」にしか見えません。しかも同じように見えてニュアンスが違うのが「今の服」。一生ものと覚悟して買った昔の高価な服より、ユニクロやGUの今年のものを着た方が今っぽいオバサンに見える、という具合です。

そんなわけでジャージで過ごせたらどんなに楽かと思うわけですが、仕事柄人前に出ることもあるので、そういうわけにもいかない。ああ、しんどい……となってしまうのです。

私自身はもう還暦に手が届く年代ですが、30〜40代といえば、まだまだおしゃれが楽しい年齢のはず。それなのに、こんな私と同じようにしんどくなってしまうのなら、それはけっこう根が深い問題かもしれません。

そもそも、おしゃれっていったいなんでしょう？

楽しみ？　義務？　マナー？　自己表現？

今は変化の激しい時代なので、もしかしたら、多くの人が、おしゃれとの距離感が取りづらくなっているのかもしれません。

そこで、おしゃれをいったんリセットして、今まで当たり前だと思っていたことを見直してみませんか？　というのが本書の提案です。


本書は、次のような構成になっています。

Chapter 1とChapter 2では、今の世の中と、ファッションの世界で起きていることを眺めながら、なぜおしゃれをしんどく感じるのかを考えます。
Chapter 3とChapter 4は、現実におしゃれがうまくいかない時の緊急対策と、リハビリのテクニックです。
そしてChapter 5とChapter 6は、これから先のおしゃれの指針となる考え方をまとめました。

ざっとこんな構成になっていますが、気になるところから読んでいただいてかまいません。どの項目でも、きっと、おしゃれや生き方のヒントを見つけてもらえると思います。

世の中が変わるにつれ、おしゃれの基準も変わってきています。

今、おしゃれと自分との関係を見直せば、この先10年、20年と歳を重ね、プロポーションが変わったり、環境が変わったりしても自分なりにおしゃれを楽しむ方法が見つかる。そうしておしゃれを味方にできれば、人生の後半も、楽しく、楽に生きていけるはず。そう思って、本書を書きました。

今、おしゃれ鬱《うつ》になっている人は、ぜひこの本で、落ちている気分を吹き飛ばしてもらえたらと思います。

地曳いく子

おしゃれは7、8割でいい
目次

はじめに　最近、なんだかしんどくないですか？　2

# Chapter 1
# なぜ、おしゃれに疲れてしまったのか？　15

おしゃれパワーはどこへ？　16
SNSから離れられなくなった私たち　20
新しく生まれた〝おしゃれの呪い〟　24
全方位に上がってしまったハードル　29
〝おくやみファッション〟の入社式　32
「ワクワク感」から「責任感＋義務感」になったおしゃれ　36

Chapter 2

ファッションの常識が通用しなくなってきた　41

今のトレンドはビュッフェ形式　42
トレンドを無視するのも、けっこう疲れる　45
ZOZOスーツは、なぜモヤモヤするのか？　49
先を行く世代が迷走している　53
「そろそろいいものを」の呪い　57
セオリーが崩壊した時代　60
幻の100点を追いかけていませんか？　66
『ハンドメイズ・テイル／侍女の物語』と『クィア・アイ』　69

# Chapter 3 おしゃれに疲れたときの緊急対策

75
本当に疲れたときは、「寝る」 76
疲れたときこそベーシックやや多めで！ 81
〝上げマーク↗〟と〝下げマーク↘〟で、疲れるものには近づかない 86
新しいポジティブは、「できないことがあっても当たり前」 91
インスタは「ムーミン谷」と心得る 96
「憧れの幕内弁当」を作らない 101
心にパワーを充電する方法 104

Chapter 4 冬ごもりから脱出！ファッションリハビリのすすめ 109

スキルとしてのファッションを身につけよう 110
1アイテムだけ買い足してファッションリハビリ 114
気持ちが下がったときは、自分でかけられる魔法をかける 118
「やっちまったアイテム」は、早めに手放してかわりに心に栄養補給する 122
浮かれ買い対策&ポチッと問題 128
リセットして自分を愛するための10分を 132

# Chapter 5 新しいおしゃれのための処方箋

135
クローゼットは7～8割完成くらいがちょうどいい 136
おしゃれも人生も、どこにフォーカスするかを考える 140
いいことと悪いことは背中合わせ 143
「似合うもの」を知っている人より、「似合わないもの」を知っている人がおしゃれ 147
〝節目年齢〟での、おしゃれのリセット法教えます 151
「頑張りポイント」と「頑張り損ポイント」を見つけよう 155

## Chapter 6 これからも、おしゃれを楽しむために


Chapter 6 これからも、おしゃれを楽しむために 161

「転ばぬ先の杖」を手放そう 162

時代を逆手にとってサバイブする 166

おわりに 172

構成 — 小嶋優子
本文デザイン — Malpu Design（佐野佳子）
カバー・本体表紙作品 — 池田衆 / Shu Ikeda
"a piece of moment"
2009, photographic collage,
mounted on paper, 330×450mm
Courtesy of the artist and Maki Fine Arts

# Chapter 1

# なぜ、おしゃれに疲れてしまったのか？

# おしゃれパワーはどこへ?

私が『服を買うなら、捨てなさい』という本を出したのが2015年。そしてその翌年には、自分らしいおしゃれの見つけ方を解説した続編、『着かた、生きかた』(ともに宝島社)を出版しました。

あれから約4年。

たった4年ではありますが、世の中は想像以上に大きく変わりました。

そして、ファッションは世の流れに連動するものですから、ファッションの世界もまた、大きく変わりました。

ファッションに大きな影響を与えた出来事には、次のようなことがあると私は考えました。

・SNSがますますさかんになって、インスタで自分の生活やおしゃれを披露するのが特別なことではなくなったこと。
・おしゃれの中心世代（20〜40代）が、おしゃれパワー（気力、財力、時間）を失っていっているということ。
・社会の同調圧力が強まったこと。
・服が売れなくなり、アパレル産業自体が力を失いつつあること。

どうでしょう。この4つを組み合わせて考えてみると、今、私たちが置かれている状況が見えてくるのではないかと思います。

大昔、まだ日本の景気が良かった頃に比べると、人々がおしゃれにかけられるお金は大きく減っています。

それなのにSNSでは、普通の主婦や働く女性が、おしゃれなファッションやおしゃれな生活を毎日インスタにアップしてマウンティング合戦や自己承認合戦が花ざかり。

ファッション業界はファッション業界で、以前より売るのが難しくなった服をなんとか売るために、「こういうときはこれ！」と、さまざまなシーンでのドレスコードをますます細かく提唱しています。

一方、多くの人は、生活を回したり生きるのに必死でおしゃれのことを考える余裕がない……。

こうして見てみると、問題は、おしゃれだけではないですよね。

**もしかしたら私たちは、生活、いえ、人生に疲れているのかもしれません。**

生活や人生に疲れているから、以前は好きで楽しんでいたおしゃれも、負担にしか感じられない。それが、今の時代のおしゃれ感なのではないでしょうか。

義務教育をきっちり受けてきた真面目な私たちは、「これをしなさい」と言われたことをするのは得意ですが、自分の今の状況に合わせて「これはいらないからやめよう」「この荷物は重いからおろそう」と、自分から手放すのが苦手です。

でも、自分自身にちょっと問いかけてみてください。

もしかしたら、

**「疲れているときに気力だけで頑張って、うまくいったことはある？」**と。

「春物の服を買わなくちゃ」

「セレモニースーツを用意しなくちゃ」

「40代になったら恥ずかしくないジュエリーを手に入れなくちゃ」

「いつもパンツだけど、スカートもはけるようにならなくちゃ」

と、**「〜しなくちゃ」思考で義務のように感じていたことは、もしかしたらしなくていいことかもしれませんよね？**

そこでこの章では、今、私たちが身を置いている世の中の流れについて、ちょっと横から眺めてみることにしましょう。

# SNSから離れられなくなった私たち

ここ数年で、私たちの生活の中で急激に存在感を増してきたものといえば、なんといっても、LINE、ツイッター、フェイスブック、インスタグラムといったSNS。コミュニケーションや情報収集、またはちょっとした息抜きや気分転換、そして自己表現のため……と、ありとあらゆる場面でSNSは私たちの生活と切っても切れないものになりました。私もそんな生活を送る一人です。

とくにインスタグラムは、もはやかつてのファッション誌の地位にとってかわったと言っていいくらい、若い世代には欠かせないものになりました。センスのいい人のインスタをチェックして「いいね！」をつけたり、自分でも画像や動画をアップするのはもはやすっかり日常生活に溶け込んだ一コマです。

そんな中で出てきたのが**〝盛り〟文化**。

超優秀な画像加工ソフトの登場で、お肌ツルン、お目目キラキラの写真が誰でも手軽に撮れるようになり、自撮りが全盛に。もちろん、加工だけでなく背景やシチュエーションも重要。「わあ、すてき！」「こんなところに行ったんだ〜♡」とみんなに憧れられるような場所で撮ることが、たくさんの「いいね！」を集めるためには必須です。

若い子だけではありません。子育て中の主婦だって、「小さい子がいるように見えない」手の込んだ料理を毎日のようにアップ。食器やカトラリーなどのテーブルセッティングやインテリアもため息もの。フォロワーの多いインスタグラマーは、インフルエンサーとして今は芸能人以上の影響力を誇っています。

でも……。

**そんな華やかな画像を見たあと、感心すると同時にどっと疲れを感じることはありませんか？**

「この人、私と同じくらいの歳だよね。こんなぴったりしたパンツ、絶対無理……」

「これ、この人だから似合うんだよね。私が同じの着たらただのおばちゃん……」

「仕事もして小さい子がいて、どうしてこのお料理が作れるの？　何かの魔法？」

楽しみのために見ていたインスタが謎のプレッシャーとなり、心の底にもやもやがたまっていく。元気なときはよくても、ちょっとパワーを失っているときにうっかり見てしまうと、立ち直れなくなったりします。

けっこう、誰もが身に覚えのある**〝SNSあるある〟**ではないでしょうか？

## 新しく加わった〝呪い〟

一昔前は、ファッション誌がおしゃれのお手本だったので、「こんなコーデ、一般人には無理無理！」「モデルだから似合うのよね」と、作られた世界と自分の現実とのあいだに、一線を引くことができました。

でも、インスタの時代になって世の中はがらりと変化し、**モデルも芸能人も一般人もすべて地続き**に。そして普通の学生や働く女性、主婦がプロ以上に人気を集めるようになった結果、**「素人だからこれでOK」と思えなくなってきてしまった**のです。

私は以前、『服を買うなら、捨てなさい』（宝島社）という本で、日本の女子にかけられた「呪い」について書いたことがあります。それは、「女子たるもの、毎日違う格好をしなくてはならない」という「バリエーションの呪い」。男子は同じ格好でも文句を言われないのに、女子は、毎日違う服を着なくてはいけない（と、思い込まされている）。だから服がどんどん増え、ダサいコーデも入ってきてしまうためにかえっておしゃれから遠ざかってしまう、という呪いです。これについては、**「自分が好きで自信がある格好なら、週に2〜3回着てもいいのよ！」**とお伝えしたことで呪いがとけた人がたくさんいたのですが、SNS時代になって、また新たな呪いがクローズアップされてきたと言っていいでしょう。

それは、**「どうしてあの人ができるのに私にはできないんだろう？」**という、おしゃれの魔女がかけるネガティブな魔法です。

# 新しく生まれた〝おしゃれの呪い〟

## ポジティブ・シンキングの罠

毎日服をとっかえひっかえして、おいしいものを食べ、友達とおしゃべりし、楽しいところに出かけ……。

インスタを見ていると、そんなキラキラした日常をみんなが送っているように錯覚してしまいます。

「ハレとケ」でいうと、**「ハレ」しかないのがインスタ**です。

そんな写真ばかり見ていると、だんだんつらいことになっていきます。

「輝いていない私はダメかも」

「どうして私はこんなふうになれないんだろう」

「もっと頑張らなくちゃ」

と、**知らず知らずのうちに自分にたくさんのＮＧを出してしまう**からです。

こんなふうに、すべてにおいて「ハレ」しかないポジティブ・シンキングでやってきた結果、疲れてしまっているのが今なのではないかと思うのです。

## オンとオフがない日本社会

ところで、ファッションの仕事をしてきた私が自戒を込めてお話しすると、ファッショングラビアで服を着こなしているように見えるキラキラの権化《ごんげ》のようなプロのモデルだって、本当は、ぱっと着て即おしゃれ、ということはありません。ヘアメイク、スタイリストに編集者と、プロがよってたかって〝似合わせ〟ますし、それでも似合わなければ着替えさせます。その上でカメラマンは何十枚も撮り、その中から選りすぐりのカットを選びます。

「最高の１枚」の裏側には、それだけ人の手もお金もかかっているのです。

一見、素人がやっているように見えるインスタもそれと同じ。

今はインスタが仕事という人も多いですから、アングルを調整したり、ライティングを変えたり、背景を変えたり、いろいろな加工を施したり……下手をすると、1枚の写真を投稿するのにゆうに2時間はかけているのではないでしょうか？

そして、大量に撮った写真の中から、選び抜いた1枚にさらに手をかけて投稿しているのです。

つまり、**キラキラしたインスタの写真の並びの裏には、その何十倍もの、エラー写真の山（失敗）が隠れているというわけです。真の姿はその失敗の方なのです。**

でも、プロ意識の高いインスタグラマーはそんなことはおくびにも出しませんから、**非日常の世界をいかにも日常のように演出**し、たくさんの「いいね！」をもらっているわけです。それを真に受けてしまったら、苦しくなるのは当たり前。

思わず「いいね！」を押したくなるような素敵な写真を見かけたら、「これを撮るのにすごくたいへんだったでしょうね……」と、ねぎらうような気持ちで押すのが、正しい「いいね！」なのだと思います。

## 「ワンランク上」の呪い

40年近く女子のファッションに関わってきて思うのは、**「いつもエンジン全開でいろ！」「常に上を目指せ！」という空気をメディアが作ってきてしまった**ということです。

とくに、バブル後2010年くらいまでは、「頑張ればなんとかなる！」「こうすればうまくいく」「ワンランク上のこんな生活ができる！」と、さんざん雑誌でも提案してきました。

でももう、そうやって**常に上をめざす生き方では立ち行かないということに、みんなが気づいています。**ワンランク上ばかりをめざしていると疲れてしまって、かえって下がってしまうのです。そもそも、**ワンランク上をめざして、本当にワンランク上になったことはありますか？**

本音を言えば、もっと普通でいいし、ちょっと自分が楽しいくらいでいい。それなのに世間には、「まだまだ上がある」「いつでも全力！」という具合にポジティブを強要する空気がまだまだあります。

日本社会のこうした窮屈さを考えると思い出すことがあります。

昔、ニューヨークコレクションの取材によく行っていた頃のこと。コレクションには、世界中からおしゃれ番長が大集結！というくらいとんでもなくおしゃれな人たちが集まりますが、彼らは、メジャーなコレクションがひととおり終わり、新人のコレクションが行われる週末の昼ともなると「え？　同じ人？」というくらい、極端にカジュアルダウンしていました。アグを履いて、ダウンを着て、子連れで現れる人もいたのです。

ウイークデーのコレクションでは、彼らがそんな格好をすることはありえません。でもそういったファッションのプロ中のプロで、光り輝いているような人でも、オフでは〝抜く〟。

ちゃんと抜くからこそ、〝いざ〟というときにまた頑張れるのです。

# 全方位に上がってしまったハードル

ＳＮＳ時代の呪いは、もうひとつあります。

それは、**あらゆる面でハードルが上がりすぎる**ということ。

ハードルが上がる、というと、「私はふだんから周りもネットも気にしていないし、そんなに頑張ってません」という方もいると思います。

確かに、人より突出しておしゃれに見られたいとか、キレイに見られたいと、ものすごく頑張っている人は少ないのかもしれません。

でも、「ここから下はＮＧ」というＮＧレベルが、いろいろな分野で明らかに上がっていませんか？

## 「女子力」という言葉が諸悪の根源？

あんまり昔のことを話すとおしゃれ老人会になってしまいますが、昔は、ファッション好きはファッション、美容好きは美容、料理好きなら料理、仕事なら仕事、と、「私が得意なのはこれ！」と、なんとなく住み分けができていて、それぞれに好きで得意なジャンルを頑張る、という雰囲気があったように思います。

ファッション自体も今よりもジャンル分けがはっきりしていて、みんなよく行くお店がだいたい決まっていて、自分とは違うジャンルの人とおしゃれ度を競うことはありませんでしたし、ファッション誌も、青文字系、赤文字系など、それぞれに世界観をはっきりと打ち出し、読者は自分にフィットする雑誌を選んで、おしゃれや生き方のお手本にしていました。

ところが、「女子力」という言葉が出てきた頃からでしょうか。いつの間にかその垣根がなくなってしまったのです。その結果、

**「女子たるもの、ファッションも、メイクも、お料理も、趣味も、すべて頑張らなくてはいけない」という空気**に変わってきてしまいました。

これに仕事や子育てが加わったらさらにたいへんで、ヒールを履いて、ネイルをして、髪も巻いて、子供の食事やしつけにも気を配り、生活感のないインテリアに〝映える〟手料理をつくり……と、**およそ非現実的なタスクが、いかにも「それが当たり前です」という顔をして襲いかかってきます。**

さきほども言ったように、すべてを地続きにしてしまったSNSが、この空気を助長しています。

「自分はこれ」というものがない代わりに、何もかも平均点以上を取らなくてはいけない。なぜなら、みんながそれをやっているから……。

これでは、疲れてしまうのも無理はないですよね。

## 〝おくやみファッション〟の入社式

「（他人の）人生には〝ハレ〟しかないと錯覚してしまうこと」

「あらゆることにハードルが高くなってしまったこと」

そんなSNSプレッシャーの奥にあるのは、**「誰もが同じでなくてはならない」という幻想**です。

「みんな同じ」から外れることを恐れるあまり、ネットで検索しまくって「絶対間違いのない最大公約数」的な答えを導き出すことが、若い人たちの行動パターンの基本になってきた気がします。

葬儀社のスタッフのような、真っ黒なスーツばかりの入社式の写真は、その象徴なのではないでしょうか。

今年の4月頃、日本航空の入社式を写した2枚の写真がネットに流れてきました（実際は、2010年の新聞記事に載った写真だったそうです）。

片方はバブル時代（1986年）、もう1枚は2010年の入社式の写真です。

バブル時代の方は、写っている女性の髪型はバラバラ。服装も、柄物のワンピースにジャケットなど、色も形もバラエティに富んでいるのに対して、2010年のものは、白ブラウスに黒一色のスーツ。髪型もみな、うしろでひとつにおだんごにまとめ、ポーズまで全員が同じように両手をおなかの前で軽くにぎって立っているというもので、まるでクローンのように見えます。

1986年というと、ちょうど男女雇用機会均等法が施行された年で、これからどんどん女性も活躍してもっと自由になっていくとばかり思っていたので、この2枚の写真を見て、いったいどこからこうなってしまったの？？？と、とても不思議な気持ちになりました。

もちろん、現代の新入社員の経済事情などもからみますし、今の人たちの方が合理的だからかもしれませんが、ここまでぴったりとそろうのは、若い人の間で「失敗を避けたい」という気持ちがとても強くなっているからではないかと思うのです。

## 失敗を避けるとわからなくなっていく

ネットで検索し、「これなら外さない」という答えを見つけてから行動するのは、一見とても効率がいいけれど、同時に困ったことも起きてきます。

というのは、**おしゃれというものはそもそも、失敗しないと身につかない**から。「これをこういうふうに着ればおしゃれ！」という情報はマニュアルなので、応用範囲に限りがあるのです。なぜなら、個々で素材（自分）が違うからです。

今は天候が予測しづらいですし（2019年は5月から30度越え、逆に7月は肌寒いなんて、誰が3月に予想したでしょう⁉）、自分自身の働き方も変わるし、流行も、人生そのものだって変わります。だから、ちょっと前まであった〝これさえ買えば10年安心〟といったアイテムなんて、もはや幻。

何より、いちばん大事な**「自分という素材に使えるかどうか」**は、マニュアルには書いてありません。スタイリストとしてたくさんの人を見てきましたが、体型は本当に人それぞれで、同じMサイズでも太いところ、細いところは一人ひとりかなり違います。ですからやっぱり実際にやってみた上で、「自分ってこういう人」「こう見られたい人」「これが似合う人」という自分ルールを作っていかなくてはいけないのです。

しかもこの**自分ルールも、自分や社会の変化に合わせて柔軟に変えていくことが必要です。**

つまり、**おしゃれには絶対という答えはなく、トライ&エラーが必須ということ。**

トライ&エラーの経験がないと、いつまでも〝間違いのない服装〟を検索し続けることになります。それは、「似合う」というよりも「無難」になりがちで、**よくも悪くもない服装を、ずっと選び続ける**ことにつながります。

それはすなわち、自分らしくも楽しくもなく、似合っているのかどうかさえよく分からない服装です。そして、常に正解を探さなくてはいけないので、心理的にはいつもしんどく、自信もない状態です。

本当は、思い切ってエラーをしてしまった方が、**自分の苦手や似合わないものを思い知ることになるので、ずっと勉強になるのです。**

#「ワクワク感」から「責任感＋義務感」になったおしゃれ

そもそもおしゃれって、〝今〟の気分を取り入れるためにトレンドアイテムを身につけたり、シーズンごとにお買い物計画を練って欲しかったアイテムを手に入れたり、新しいブランドやショップをのぞいてみたり……と、もっと自由で、楽しくて、ワクワクするものだったはず。

それが今やトレンドでさえも、「今はこういう格好をしなくちゃ」「ネイルくらいしなくちゃ恥ずかしい」と、先ほどの「黒スーツの入社式」と同じ考え方で受け入れているように思えます。それはもう、「ワクワク感」ではなく、「義務感」や「責任感」ですね。

## 服選びの同調圧力

いま私が特に、そうした同調圧力で息苦しそうに感じるのは、若いお母さんたちです。

仕事があって、子育てもし、毎日の家事もある。

そんなにたいへんならおしゃれは手を抜いたっていいのですが、周りのお母さんやＳＮＳを見ると「キレイなママ」がいっぱい。

だから、あんまり疲れた格好はしたくない。

私が講演会で出会ったあるお母さんは、「子供の保育園の運動会に何を着て行ったらいいかわからない」と、とても悩んでいました。

その日は、周りのお母さんたちは流行りのスポーツカジュアルでばっちりおしゃれしてくるのだそうです。でも彼女はカジュアルが大の苦手。通勤服かおうち服かの二択しかなく、「ちょうどいいカジュアル」はどうしたらいいのか皆目見当がつかないとのこと。たった1日のことですから、ユニクロでスウェットパンツとＴシャツでもそろえればいいのですが、本当にそれでいいのかどうかもわからないようでした。

こんなふうに、あらゆる方面から同調圧によってじわじわと追い詰められてしまうのが今という時代なのかもしれません。

まあ、80年代や90年代のように、みんながお金を持って、ブランドものを買いまくったり、セールで服を大量に買いあさったりというのも、今考えれば同調圧力だったかもしれないのですが、**大事なのは、いつの時代にもある、そういった社会の大きな流れの中で自分自身はどう生きるか、ということ。**

やたらと周りに合わせてばかりではやっぱり疲れてしまいます。かといって、「今の時代の風潮はキライ。私は同調圧なんて受けたくない。だから、私は私の道を行くわ！」と、時代に逆らって生きるのも、それはそれでけっこうしんどいもの。

だから、まずやるべきことは、今がどういう時代なのかを知ること。

知っておけば、適度な距離も取れますし、対処法もあります。

「今はこれを着なきゃいけない」という呪縛《じゅばく》や、血まなこになって正解を探すことからも解放されます。

そこで次章では、今、おしゃれの世界でどんなことが起こっているかを見ていきます。

# Chapter 2

# ファッションの常識が通用しなくなってきた

# 今のトレンドはビュッフェ形式

一昔前は、トレンドは1つか2つ。たとえばフレンチや和食のコースがあるだけでした。それが、今は、すべてがあるビュッフェ形式になりました。

トレンドは確かにあるのですが、「今年はこれがおしゃれ!」というはっきりとしたものではなく、**いろいろなトレンドが並行して存在していて、取り入れてもいいしパスしてもいい**、という状態。

ビュッフェなら、食べたいものだけ食べられるので自由でよいという気もしますが、**その自由さゆえに、かえって何が食べたいのかわからなくなってしまう**こともあります。

さらにわかりにくいのは、**ビュッフェにあるのは、なんとなく今っぽい、うっすらトレンドを取り入れたものばかり**だということ。一見ベーシックなものでも、ちょっと肩がドロップしていたり、透ける素材だったりと、少しだけトレンド要素が入っているので油断は禁物。自分ではベーシックな格好をしているつもりが、よく見るとトレンドもので、体型や年齢に合っていない、という悲劇が起こりがちになるのです。

なにしろ、オフショルダーやビッグシルエットなど極端にどこかを強調した今のトレンドアイテムは、よく考えてみればなんだかおかしな形なので、〝若者パワーで着こなせる〟10代、20代の人は簡単に似合うけれど、30代以降には微妙。

たとえば**きゃしゃな体型があってこそかわいいビッグシルエットは、私たち大人世代が着たら袋をかぶっているようにしか見えません**し、カットソーの上にキャミワンピを着たりするコーディネートだって、「寅さんですか？」と言われてしまいます。

ある程度歳を重ねた人がそうしたコスパ・トレンド・ファッションに手を出すなら、「ドロップは肩のこのあたりまで」などと、厳密にサイズ調整したり、雰囲気だけを取り入れるようにしないと、**「ただの面白い人」**になってしまうのです。

今売っている服が「うっすらトレンド」のものばかりになるのは、誰だって今の空気をまとうために新しい服を買うので、すべてにそうしたトレンド要素をいれておけば、効率よく、確実に売れる商品ができるからです。

でもそのおかげで、街には似たようなものがあふれ、30代以上の人は何を着たらいいかわからなくなる、というわけです。

そんなわけで、食べたくもないものをとらなくていいのがビュッフェのいいところなのですが、ファッションでそういうものを探すのは、案外難しい時代になってしまいました。

ファストファッション登場以来、誰もが安い価格でトレンドファッションを楽しめるようになったと言われますが、実は似たようなものが増えてかえってピッタリくるものがなく、おしゃれのハードルが上がってしまったのです。

# トレンドを無視するのも、けっこう疲れる

トレンドの話をしていると、

「私はトレンドファッションには興味なし。ベーシックでいくわ」

という人もいます。ですが、トレンドを追うというのは、**「おしゃれになりたい」という欲から出てくるものではなくて、実は、人間の本能に近い**ので、完全に無視するのも、意外と難しいものなのです。

そもそも**トレンドとは、「見たこともない新しいもの」＝「違和感」のこと。**人は、違和感のあるものに対して、どうしても目が引かれてしまうのです。

いちばん最初に、トップブランドのコレクションに登場したり、あるいはストリートのごく一部の人がやり始めたりしたときは、あまりにも早すぎて、「あれ何？」「へ

ンな着方！」と、人は奇異な目で見ます。

それを、新しいものに目ざといほかのブランドやショップが噛み砕いてもう少しとっつきやすくすると、「なんだか新鮮で面白い」「ワクワクする」となり、感度の高い人たちが取り入れ始めます。

そうすると目にする機会が増え、さらに多くのブランドが真似し始めます。ここまでくると一般の人たちの目にも慣れてきて、「みんなも着ているし、私もやってみようかな」ということになり、一気に広がります。そうやってすっかり行き渡ると、そのトレンドは終わるのです。

つまりトレンドは、**生まれる→噛み砕かれる→消費される→浸透する、という流れを繰り返して、命を終える**わけです。

## どこで手を出すもの自由

料理を例にとるとわかりやすいでしょう。

たとえばタイ料理。本格的なタイ料理はパクチーが入っていて独特の味なので、誰もが食べられるというわけではありません。これはファッションでいえばトップデザイナーが作った服。好奇心が旺盛な人は「これ何？　おいしそう！」とチャレンジしますが、「わ、このニオイ苦手……」という人もいます。

そういった人たち向けに、こんどはパクチー抜きのタイ料理が登場します。これが、一般のアパレルブランドが作る服。タイ料理ではあるけれどパクチーが入っていないので、感度の高い人にとっては、「これはタイ料理じゃないよね」ということになりますが、パクチーは苦手だけどタイ料理は試してみたい、という人にはぴったりで、じゅうぶん満足感が得られます。

コレクションでいうと、たとえば、ドレスやワンピースにスニーカーを合わせるというスタイルも、最初にコレクションに登場したときは「え？　ドレスにスニーカー？」と誰もが思ったものです。でも今はドレスだけでなく、ロングスカートにスニーカーを合わせるのもすっかり当たり前になりましたよね。

どちらがいいということではなく、単に嗜好の問題なので、自分がピンときたところで手を出せばいいのです。

**新しい風というのは常に吹いていて、それにさらされない人はいません。**

あまりにもトレンドを否定する人には、私は「すべてを捨てておしゃれ尼寺に行ってください」というのですが、そこまでミニマリストになれない一般人である私たちは、やはり煩悩も欲もあるので、新しい風をほどほどに吸って、ほどほどにトレンドとつきあっていきましょう。

# ZOZOスーツは、なぜモヤモヤするのか?

服がその人に似合っているかどうかを判断するときに、サイズ感はとても重要です。一昔前は、とりあえずサイズがぴったり合っていれば誰でもおしゃれに見える、と言われていました。もちろん、だぶだぶすぎたり、ピチピチすぎても見栄えがよくありませんから、体に合っていれば、それだけでスッキリと着こなすことはできます。でも、人の体の形は千差万別。トップスでもボトムスでも、自分をいちばんキレイに見せてくれてジャストサイズな服を見つけるのは、至難の業です。

そこで昨年話題になったのがZOZOスーツでした。今、この本を読んでくださっている方の中にも、ZOZOスーツを手に入れたり、周りの人がシャツやデニム、スーツなどをオーダーした、という方がいるのではないでしょうか。

私の男友達でも何人かはチャレンジした人がいるのですが、結果は……。

「サイズは完璧なのに、なぜだか満足できないんです。なぜでしょうね？」と首をひねっていました。

価格設定上、生地の質、縫製の質など制限があったのかもしれませんが、それ以前に、今回のZOZOスーツのドタバタでわかったことは、**「サイズ〝だけ〟が合っていても、おしゃれではないかも」**ということ？です。

## 体型をかっこよく見せてくれる〝余白〟の大切さ

何度も何度も仮縫いして作る本物のオーダースーツは、その人の体型に合っていて動きやすいのはもちろん、顔とのバランスや体の癖なども補正し、その人がいちばんかっこよく見えるように作られます。

それに対して、ZOZOスーツは、数値自体は正確でも、**フィッティングして補正する工程がない**ので、「その人が実際に着た時にどう見えるか」、まで考えて作られているわけではありません。

服は、ピッタリに作りすぎてしまうと体型がモロ出しになってしまうので、実は、かえってきちんと見えなくなってしまうのです。むしろ、**体と服の間に、とるべき余白があり、きちっと合いすぎない方がおしゃれです。**

私は、ロンドンに行くと、よくヴィクトリア&アルバート博物館（通称「V&A」）に行くのですが、ここには、ファッションをテーマとしたフロアがあって、ヴィクトリア時代の王族の服なども見ることができます。それらは博物館に飾られるくらいですから、それはそれは上等な、素晴らしく手の込んだ衣服なのですが、かっこいいとか美しいというよりは、なんだか夏の終わりに見るセミの抜け殻のようで、うら寂しくもあります。

たぶん、服にその人の体が入って頭と顔がつけば美しいのでしょうが、服だけだと体の特徴がそのまま出てしまっているので、なんだか残念なのです。

そのへんてこな感じが、ZOZOスーツでも起こってしまったのでしょう。

そもそも、オーダースーツというのはとても高価で、2～3万円で手に入るようなものではありません。ＺＯＺＯは、それを、誰もが手に届きやすい価格で提供しようとしたのですが、その価格なら量販店で合うものを探した方がおしゃれ、という結果が出てしまいました。

これも、みんながオーダースーツを着られる、つまりワンランク上の生活を実現したいという、間違った方向でのポジティブ・シンキングの結果だったかもしれません。

ところで余談ですが、そんなＺＯＺＯスーツを、今でもけっこう活用している人がいるとか。ボディビルダーの方が筋肉のつき具合を確認したり、妊娠中、毎月おなかの大きさの計測に使ったりする妊婦さんもいるそうです。普通は測らない部分まで計測し、自分の体型をビジュアルで確認できますから、ダイエッターが体型チェックをするのにはぴったりですよね（笑）。

こういう意図で使うのなら、まだまだＺＯＺＯスーツも使い道はありそうです。

# 先を行く世代が迷走している

数年前から、女性のグレーヘアが話題になっています。

でも、周りを見回してみてください。グレーヘアの人、何人いますか？　たとえば、あなたのお母さんは？

雑誌やテレビでグレーヘアを推奨することが増えましたが、男性と比べて女性のグレーヘアの人はまだまだ圧倒的に少なく、お母さん、おばあちゃん世代でも髪が黒々としている人が多いと思います。それは**世間が、女性が白髪になり、おばあさんになることを許していないから**です。

人生100年時代になり、今は60代、70代でもまだまだ元気で、昔の「お年寄り」や「高齢者」というイメージとはずいぶん違ってきています。

どれだけ違うかというと、今から34年前の1985年にフジテレビ系で放送されたドラマ『ヤヌスの鏡』（厳格なお祖母さんに育てられて二重人格になってしまった少女を描くサスペンス学園ドラマ）に出てきた、白髪を後ろにひっつめた怖いお祖母さんを演じた女優の初井言榮《はついことえ》さんは、なんと当時まだ50代半ばだったのです。そのビジュアルは、今なら、80代くらいのイメージです。

私が30代の頃は、30代でもスーツやジャケットにパンプスなど、もっと大人っぽい格好をしていました。でも今は、ジャケットなんてほとんど見かけませんし、ホテルのカフェなど多少かしこまった場所でも、Tシャツにフラットサンダルでまったく問題なし。

実際、今の40〜50代向けのファッションというと、若者向けのカジュアルをちょっとマイルドにしたり、素材を多少高級にしたものばかり。つまり、**「ちゃんとした大人」「成熟した大人」向けのファッションがなくなり、若者向けファッションのコピーばかりになってしまった**わけです。

当然、ミドル世代には似合うとは言えないのですが、ほかに選択肢がないのでしかたありません。

こうして、**〝うすら若い〟年代が40代くらいまで引き伸ばされて**しまいました。若い人向けのファッションですから、若い人のように着こなせなくても当たり前ですし、かといって大人っぽい格好をすると老けてしまうし、というわけで、中高年ファッションも迷走しています。

**50代、60代が迷走していると、若い人たちも、自分たちがこれから先どこへ向かっていっていいかわからず、みんな仲良くさまよっているのが、今なのではないかと思います。**

## ハイヒールは、そもそも2時間以上履くものではない？

ところで話は変わりますが、ペタンコ靴というと、少し前に「職場でのヒール・パンプスの強制をなくしたい！」という「#KuToo」の運動が注目されました。これについては、ヒールを履くのが苦手な人にまでマナーとして強制されているのが問題であって、誰もが好きな靴を履くのがいちばんと私は思っています。

歴史を振り返ると、ハイヒールは中世ヨーロッパで最初は男性貴族が履き始め、だんだんと女性専用の靴になったという経緯があります。ですから、男性だって、もともと履いていたハイヒールを履いたっていいのです。ドレスコードやマナーは時代に合わせて柔軟に変わるのですから。

ちなみに、みんなが大好きな某ラグジュアリーシューズデザイナーは、「僕の靴は2時間以上履いてはいけない」と言っています。ハイヒールは「歩くための靴」ではなくて「パーティなどハレの時に美しく見せるための靴」だということですね。ということは、8時間の立ち仕事や営業で歩き回る女性、何社も訪問する就活生に強制するなんて、靴の趣旨からしておかしい、ということなのです。

もし、働く女性がヒールを強制されなくなったら、それだけでずいぶんと生産性が上がると思うのは私だけでしょうか？　もちろん、ヒールが好きで脚力がある人は、これまでどおりヒールを履けばよいと思います。

# 「そろそろいいものを」の呪い

大人向けファッションはすっかりどこかへ消えてしまいましたが、なぜかいまだに残っているものに、**「そろそろいいものを」と「長く着られるものを」の呪い**があります。

ファッション誌でもまだ「20年着られる服」といった特集が組まれますし、今の30代前半くらいの女子と話すと、親から、「もう少しきちんとした、長く着られる服を買いなさい」と言われるそうです。

ところで、そもそも「長く着られる服」の長くって、どれくらいを想定しているんでしょう?

5年?　10年?　20年?

自分にあてはめてみると、私は今年還暦（60歳）ですから、もし「10年着られる服」を買うとすると、それは「70歳でも着られる服」になってしまいます。

なぜ今から〝70歳で似合う服〟を着なくてはいけないのでしょう？？ おばあちゃんの服を今、あえて着る必要はあるでしょうか？

30歳の人だって同じです。**今、30歳なのに、40歳で似合う服を着る意味はありません。**5年先だって同じ。いいところ、3年ではないでしょうか。

なかには、革のライダースジャケットのように、「気づいたら10年着ていたわ」という服もありますが、**最初から〝10年選手〟をねらってはいけない**のです。

## 「一生もの」より「一瞬もの」を

**今や、ファッションの世界に「一生もの」なんかありません。あるのは、「一瞬もの」。**一瞬、一瞬が積み重なって一生になるのです。

さっきのライダースのように、「今、ほしい」「今、着たい」と思って買った一瞬ものが、「あれ、今日も楽しいぞ」「明日も着たいぞ」「あれ？ 去年買ったこれ、まだ楽しいぞ」と、一瞬がつながるときがあって、そういうものは、結果的に一生ものになる、ということはあります。

ですが、**最初から一生ものを目指して買うと失敗して、一瞬ものにすらならない**のです。

今のほとんどの人は、昭和・平成・令和とすでに3つの年号を生きているのですから、昭和から見て明治を振り返るのと同じくらいの時が流れているわけです。だいたい、「きちんとしなさい」と言う親世代自身が、ふだんはユニクロのストレッチパンツをはいていたりするではないですか。

だから、もし親世代の人から「いいものを持ちなさい」と言われたら、「前の時代の人が何か言ってるわ」くらいの感覚で受け流すのがいちばんです。

# セオリーが崩壊した時代

友人たちに聞くと、子供の入園・入学式や卒業式の服装はけっこう頭の痛い問題のようで、これまでもしばしば相談されることがありました。

子供のためにそれなりにちゃんとして行きたいけれど、デパートにたくさん並んでいる〝セレモニースーツ〟を買わないとダメなのかしら？　でも、高いし、ほかに着る機会がないし……という具合です。

## 自分のルールでOK

今年、ある友人は、高校生の息子の卒業式に出席するために、素敵なコサージュと、ZARAでシンプルなワンピースを買い、靴やバッグは手持ちのもので済ませるつもりで準備をしていました。

ところが、前日になって、あったはずのクラッチバッグがない〜！　と大慌て。どうやらあまり使わないので処分してしまっていたようです。それで、ヤバイどうしよう？　ということになったのですが、こじゃれた小さなものではないけれど、ほどほどの大きさのシンプルなバッグがあったので、それを持っていくことにしました。彼女から、「ファッションチェックして！」と送られてきた写真を見ると、100点ではないにせよ、十分な装いだったので、私は自信を持って「OK！」と返しました。


結婚式にはこれ、入学式にはこれ、就職の面接にはこれはNG……など、ネット上には **〝マナー〟と称したなんだか怪しげな情報**があふれています。

でも、今や多様性の時代。お仕着せの礼服やセレモニー用のワンピースやスーツでなくとも、十分に礼を尽くした装いをするのは可能です。

若い頃なら、結婚式に持っていくかわいいバッグがないと、それだけで泣きたい気持ちになっていたかもしれません。でも30代、40代になって「入学式にセレモニースーツを着ていかないとまずいかな」と思ってしまうのは、心がまだ10代だということ。

**大人なら、機転を利かせて乗り切る**ことだってできますし、それが許されるのが今という時代と心得ましょう。

私ごとになりますが、私は自分の結婚式のとき、ドレスは既製服をお直ししてサイズを合わせたものを着たのですが、靴は、以前に撮影用に買った白いミュールがあったので、「これでいいわ！」と、結婚式用の白い靴は買わず、そのミュールを履きました。そして、余った予算で、コイルスプリングのちょっといいマットレスを買ったのです。

結婚式は一生に一度のことですから、この日ばかりは人生で最高のおしゃれをして、ルブタンのヒールを履いてセレブ気分で過ごしたい、という人もいるでしょう。もちろんそれでいいですし、何か別のもので工夫するのもＯＫ。レンタルを利用するのもアリです。もはや、厳格なセオリーは崩壊しているので、自分がどのタイプなのかをしっかり考えて、**自分が満足できるスタイルで、自分らしくセレモニーに参加すればよい**のです。

先ほどの卒業式の例にしても、ハレの日だからぜんぶちゃんと調えたい、という方もいるかもしれませんが、バッグは席に置いておくことが多いし、だいたい、周りの人はそんなにあなたを見ていません。**完璧にしなくても、子供の門出をお祝いする気持ちで、少し華やかな雰囲気が表現できていればそれで十分**なのだと思います。

## 2000年代までのマーケティングの終わり

最近は日本のテレビ番組はあまり観なくなった私ですが、ついつい夢中で観てしまうのがネットフリックスのドラマやリアリティショー。

そのネットフリックスのCEO、リード・ヘイスティングスが、TEDトークで語っていたことに、とても共感しました。

ネットフリックスに登録するときは、性別や年齢、国籍などの個人情報を入力します。初めの頃、ネットフリックスはそれらの情報をもとにセレクトした番組をユーザーにおすすめしていたそうですが、ユーザーの番組の選び方が、そういった属性とは関係ないということがわかり、今では個人情報をいっさい考慮していないそうです。

ではどういう観点でおすすめするかというと、そのユーザーのこれまでの視聴履歴です。私ならマニアックなSFやロック番組、アメリカのコメディやリアリティショーなどが頻繁におすすめされます。でも、私の視聴履歴を「日本に住むアジア人の60歳女性のサンプル」としてほかの60歳女性にも適用して、番組をおすすめしてしまったら、おかしなことになりますよね。

つまり、多様化する社会では、年齢、性別、国籍、人種だけでは、何も捉えきれないということ。

このことは、これまでの日本のテレビ番組が、「F1層（20～34歳の女性）」「M2層（35～49歳の男性）」という具合に、性別と年齢というたったふたつの要素でくくったカテゴリーを設定して行っていたマーケティングが、根本的に崩壊したということでしょう。「すべての二十歳の女性は恋愛ものが好きだろう」、「40代の男性は硬派なニュース番組が好きなはずだ」なんて、誰にも言えなくなったのです。

これはファッションにも言えることで、属性はある程度の目安にはなりますが、セレモニースーツひとつとっても、ターゲットとセオリーは、どんどん崩壊しつつあります。

もはや、**誰もが、枠に収まりきらなくなっている**のです。あるのはあくまでも個人。

色が白い人もいれば、黒い人もいる。背の高い人もいれば、小柄な人もいる。

**「誰かのような美しさ」ではなく、「その人ならではの美しさ」をみんなが目指す時代になった**のです。

**一筋縄《ひとすじなわ》ではいかない私たちは、おしゃれも人生も、一筋縄ではいかない、**ということなのです。

# 幻の100点を追いかけていませんか？

「まだ何かができていない気がして」

「もっとちゃんとしないといけない気がするんです」

30代、40代でおしゃれに迷い始めている人たちに不安に思っていることを聞くと、こんな答えが返ってきます。

ファッションも仕事も、なんだかまだ垢抜けていない気がして、自分で自分にＯＫが出せない。いろいろな方向に頑張りグセはついているけれど、ゴールが見えなくて息切れしてしまう……。

30代、40代ならまだまだ頑張れるし、頑張ってもらいたいと思うのですが、頑張る理由が自分への呪縛なら、**35歳くらいでいちど考え直して、上手な手の抜き方を覚えた方がいい**でしょう。

だって、毎日100点を取ったところで何があるでしょう？ 80点でも85点でもいいし、たまには40点だっていいのでは？ 学校の試験なら答えが全部合っていれば100点ですが、そもそもおしゃれや人生は何が100点なのかがわからないもの。たとえばローラが100点だとしても、ローラになれるのはローラだけですよね？

## 何かを得たら、何かを手放す

30歳も過ぎれば、「あんなふうになりたいな」「こんな服、着てみたい」と思っても、着られないものがあることは、そろそろお気づきの人も多いでしょう(笑)。でも私たちはプロではないので、**すべての教科で100点を取る代わりに「自分」という専門分野だけで点数アップをねらえばいい**いし、着られないものがあるということは、それをあきらめればかえってほかで100点をねらいやすくなるということです。

だから**似合わないもの、できないことには、もうきっぱりさよなら**しましょう。ベージュが似合わなければ、ネイビーだけを極めればいいのです。

**何かを手放すのは不安かもしれません。でも、何かを得たら何かを手放さなくてはいけないのは、人生の法則。**全部を取ろうとすると、結果的にひとつも取れずに、自己肯定感を低くしていってしまいます。

話が飛びますが、昔は玉の輿《こし》をねらって〝永久就職〟する、という生き方がありました。私の周りでもそうやって奥様におさまった子たちがいましたが、今考えれば、彼女たちは18歳から22歳くらいまでの間、決して私のようにフラフラと過ごさず、玉の輿に乗るための手を着々と打っていました。その結果、見事ほしいものを手に入れたのです。そのかわり彼女たちが手放したのは、20代という時代を好き勝手に生きる自由でした。

私など出遅れまくりで、気づいた時には玉の輿の席なんてもう完売。その結果、私のような人たちは、結婚するとしたら、お金の面は捨てて、性格や趣味が合う人と、となったわけです。

恋愛も仕事も、そしておしゃれも同じ。

**何かを取るためには何かを捨てる。**これは、人生何事にも言える考え方です。

# 『ハンドメイズ・テイル／侍女の物語』と『クィア・アイ』

さきほどもネットフリックスのお話をしましたが、配信ものに夢中な私。オリジナル番組のクオリティも素晴らしいいし、日本ではとても作れないような内容のドラマや新しい価値観を提示してくれる番組もあって、気がつくと日本のテレビはすっかりごぶさたになってしまいました。

そんな中でも昨年どハマりしたのが、hulu オリジナルドラマ『ハンドメイズ・テイル／侍女の物語』です。

舞台は近未来のアメリカ。子供が生まれなくなった社会で、生殖能力のある女性は捕らえられ、監視下に置かれて、揃いの白い帽子に赤いドレスという尼さんのような格好に身を包み、主人の子供を妊娠するために、主人の妻同席のもと主人とのセックスを強要される――といったかなりショッキングなストーリー。エミー賞も受賞し、アメリカで社会現象になるほどヒットしたドラマです。

脱走を目論《もくろ》む侍女への拷問など、過激な描写の連続に目が離せなくなって恐怖に引きつりながらこのディストピアドラマを堪能していると、ふと、現実に返って背筋がすっと寒くなることがあります。これって、もしかして、今の世の中とそう変わらないんじゃない……?

つまり、**私たちも、誰かに自由を剝奪されて、目に見えない主人に奉仕しながら生きているのではないか**と思うのです。そう、誰かの侍女として生きているのでは?

## 侍女としての服を着ている私たち

ドラマの中で、侍女たちはそれぞれにクローゼットを持っているのですが、中に入っているのは、すべて同じ白い帽子と赤いドレスです。

人が服を着る理由は、「体を保護するため」「気候に合わせて快適に過ごすため」というそもそもの物理的な理由に加え、「自己表現」や「身分を表す」などいろいろありますが、それが誰かのためだったり、何かのためだけなのなら、侍女の赤いドレスとあまり変わらないのではないかと思うのです。

そう考えると、Chapter 1でお話しした入社式の黒スーツ、侍女の赤いドレスと重なりませんか?

## 幸せになるための人格改造

もうひとつ、配信ものの話になりますが、私が大好きでよく観ているリアリティショーに、ネットフリックスで配信している『クィア・アイ』があります。

これはいわゆる素人さん変身モノで、「ファブ5」というゲイの5人組が、美容、ファッション、料理、インテリア、カルチャーとそれぞれ専門のスキルを駆使して応募者を魅力的に改造していくというもの。

日本にも変身モノの番組はたくさんありますが、変えるのはファッションとヘアメイクだけ。しかも、ふだんの本人とは似ても似つかないようなルックスに変えてしまうので、その場限りの変身になってしまいます。

一方、『クィア・アイ』では、今までのテレビの変身番組に登場していた「ファッション」「美容」に加えて、「料理」「インテリア」「カルチャー」という、その人の内面と生活までサポートするメンター（成長を支援する人）が出てきます。**見た目だけではなく、生き方そのものを改造するのが今の時代**というわけですね。

そして、この番組のもうひとつの特徴は、応募者たちは、自薦ではなくて、家族や職場の同僚など、周りが申し込んでくること。

本人（ターゲット）は、真面目で人のために一生懸命働く、立派なよい人なのだけれど、もう少しかっこよくなったりきれいになったりして生き生きしてほしいということで、周りが応募するのです。

で、この間も観ていてハッとしたのですが、メンターであるファブ5たちが言うには、「彼ら（ターゲット）は、**今まで人のためには生きてきたけれど自分のために生きてこなかった。**これからは自分をもっと愛したり、自分に手を入れてほしい。そうすると、周りの人まで幸せになれるんだよ」ということなのです。

そうやって、5人の力でターゲットをかっこよくしていくのですが、そのときも、ターゲットがその後も自分で継続してできる方法で変えていく。たとえば髪型なら、地元のヘアサロンに行って、月1回は通うように、とサジェストしたり、地元のショップで買えるファッションやコスメで、「これは5分でできることだから子育てで忙しくてもやるのよ！」とアドバイスする、という具合です。

そうやって変身したターゲットを見て、子供やパートナーたちも「パパ素敵！」「ママキレイ！」と惚れ直してしまうのです。

この変化を見ていると、**自分を愛して、自分のために自分をキレイにすることは決してセルフィッシュ（利己的）なことではなく、自分が明るく、楽しくなることで周りも幸せにできる、大きく言えば人類愛**なのだな、と感じます。

ですが現実には、セルフィッシュすぎるか、〝侍女〟すぎるか、どちらかに偏っている人が多いのではないでしょうか？

侍女からゲイへと飛びましたが、根底に、同じテーマが流れていると思いませんか？

もう一度、本当に自分のための服選びを考えてみるタイミングが多くの人に来ているのかもしれません。

あなたは、侍女になるための服選びをしていませんか？

それとも、ファブ5に出会って、新しい自分になってみたいですか？

# Chapter 3

# おしゃれに疲れたときの緊急対策

# 本当に疲れたときは、「寝る」

トークショーに来ていただいた読者さんによくお話しするのですが、人をもっともブスにするものって、なんだと思いますか？

それは、疲れ。

**疲れがいちばん、人をブスにします。**

仕事終わりに、電車の窓に映った自分の顔を見てぎょっとした経験がある人なら、きっとおわかりだと思います。


では、ブスになるほど疲れてしまったときはどうしたらよいかというと、何をおいても「寝る」。これにつきます。

どんなに高い化粧品を使っても、トレンドの服を着ても、疲れはカバーしきれませんし、余裕がなくなって性格まで悪くなりますから、疲れたらとっとと寝るに限ります。

「え？　そんなの当たり前でしょ？」と思ったあなたは大丈夫。きっちりとイケてる美人生活ができているはずです。

今、小学生の子供を持つお母さんの8割が働いているそうです。

職場で戦い、育児で戦い、家事の分担で夫と戦い……女は文字通り、24時間戦っている状態。お子さんがいるとすべてをほっぽりだして寝ることは難しいかもしれませんが、どうにかして寝て、体力と気力を回復しないことには何も始まらない。

元気なとき、人はおしゃれを楽しめるものです。

つまり、**おしゃれは気力と体力あってのもの**だということ。

**おしゃれを楽しめるくらいの体調をキープしたいものですし、本当に疲れたらおしゃれはやめていい**のです。なにしろ、疲れると呼吸が浅くなり、脳に血液が行かなくなって、おしゃれなんて考えつくわけがないのですから。

## 3つのプロセスを1つか2つに減らす

もう1つの疲れブス対策は、**「タスク（課題）を減らす」**こと。

なぜ寝不足で疲れてブスになるかといえば、忙しいからですよね？

そうしたら、どこかで手を抜く。3つあるプロセスのうち、1つか2つを減らすのです。

あなたは家族に、手作りのごはんを食べさせたいかもしれない。でも今は、ご飯を炊くなら買ってきた方が安い場合もありますし、自分で作ったコロッケの方がおいしいとわかっていても、買って帰って、少しだけ自分らしく、お気に入りのお皿に載せて出すという手もあります。

世の中のサービスを利用して、やるべきorやりたいプロセスを抜きましょう。そしてその時間を、三〇分でも一時間でも、寝るのに回す。もし、それを手抜きと言われるのなら、言った人に対して「じゃあ、代わりにやってください」という話です。

おしゃれでも同じです。おしゃれの場合は、おととい着た組み合わせをもう一度着てください。おとといなら気候だってそんなに変わっていないはずですし、二日連続で同じ服という事態を避けられます。これだけで、コーディネートを考えるプロセスが省けます。

## 40代を過ぎても復元力をキープするには

人は、というより、生き物というのはよくしたもので、あんまり寝ていると飽きますし、頭が痛くなってきたりするので、こんどは起きて動きたくなってきます。

そうしたら、お風呂に入ることから始まって、ちょっと散歩してみようかな、外の気温はどうかな、と冬ごもりから脱出する気力が生まれ、自然に、「久しぶりにネイルでも塗ってみようかな」と、おしゃれを楽しむ気持ちも生まれるのです。

あなたがもし30代前半なら、この話はまだピンとこないかもしれません。

それは、35歳までは、まだ生命力と復元力があって疲れが見た目にあまり響かないから。35歳から気をつけておくと、復元力がキープでき、40歳や50歳でガクッとダウンすることを防げます。

私もこの歳になってつくづく思いますが、本当に、疲れは人生のいちばんの大敵。疲れきってしまうと性格も悪くなるし、判断力が低下して、3つのことをやろうとして3つとも失敗してしまうこともあります。それは、おしゃれでも、仕事でも同じ。ですから、疲れたなと思ったら、やることを1つか2つにする。そして、寝る。疲れたら、手抜き大いにけっこうです。

人生後半は上手く**サボって、楽しく楽に生きませんか?**

# 疲れたときこそベーシックやや多めで!

電車の窓に映る自分の顔の話をしましたが、私などそろそろ還暦なので、正直〝疲れてブスになる〟どころかもうホラーレベル。鏡を見て「何このゾンビ」と驚愕《きょうがく》することもしばしばです。

今、この本を読んでいる30~40代のみなさんに予告しておくと、疲れすぎると**「スマホの顔認証が、認識してくれなくなります」**。

以前は、化粧をしていないからかな?と思っていたのですが、化粧をしても、スマホが「違う人でしょう?」と認識してくれなくなったので、化粧だけのせいではないとわかりました。

おそらく、加齢によって顔のパーツが下がっているからでしょう。

歳を重ねると、皮膚や顔筋の衰えなどにより、若い頃はキュッとしまっていた顔の下半分が伸びてきます。そのため顔のバランスが変わることも、顔認証にハネられてしまう原因かもしれません。

## 疲れると、似合っていた服が似合わなくなる

スマホが持ち主を認識してくれなくなるほど疲れてしまうと、昔はとても似合っていて自分を引き立ててくれていた服が似合わなくなります。

とくにトレンドものは要注意。**着る人が疲れていると服のパワーに負けてしまい、さらに疲れて見えるのです**。疲れると化粧のノリも悪くなりますし、皮膚の状態が違うからか眉毛もうまく描けない。顔色も違います。元気なときとは別人だと考えた方がいいでしょう。

そんなわけで、服でなんとかしようとZARAやH&Mに駆け込んでも、ことごとく似合わない、ということになります。

そこで、すごく疲れたなと思ったら、朝、服を選ぶときに、まず手持ちの中でいち

ばんベーシックな服を選びましょう。

あれこれ足したり、流行りのバランスで冒険するなどのテクは最小限に。

普通の服を普通に着て、ピアスだけ大ぶりのものにしてポイントを作るだけでも十分です。

メガネもおすすめ。メガネは、疲れて下に下がってしまった顔をカバーするのにとても便利なアイテム。**「疲れカモフラージュおしゃれメガネ」**を1本持っておくと、エマージェンシー対策に有効です。パソコン仕事が多い人なら、ブルーライトカットレンズのメガネもいいですね。

## 日常を支えてくれる戦力になるアイテムを持つ

おしゃれも人生もそうですが、私たちはいつも足すことだけを考えて、あれもこれもと手を出しすぎてきました。

お料理も、和食だけでは飽き足らず、洋食、中華にエスニックと、家庭で作るメニューが際限なく増えて、まるでひとり〝世界の料理ショー〟。まさかビリヤニまで作るようになるなんて、つい最近まで想像もしませんでしたよね。

家庭でこんなに多種多様なメニューを手作りするのは、おそらく日本だけでしょう。ヨーロッパやアジアではほとんど料理しない文化のところもありますし、家で食べるのはシンプルな定番料理だけで、ちょっと珍しいものは外で食べる、という習慣も一般的です。

ですから、彼らが持っている食器は普段使いの白のシンプルな大皿、パン皿、スープボウルにカトラリー類くらいで、キッチンの棚にすっかり収まるくらいの量。ちょっと高級なお客様用のお皿だけ、飾り棚に美しくディスプレイしています。料理をあまりしないからこそ、インテリア雑誌のようなキッチンを保てるのです。

一方、私たちのキッチンはありとあらゆる料理に対応するための食器や調理器具でぎゅうぎゅうづめ。ものがあり過ぎて美をキープするのは困難を極めます。

せっかくいろいろ頑張って作っているのにそのおかげで散らかって掃除がたいへんになるなんて、**自分が作った落とし穴に自分ではまりにいっているる**ようなものではないでしょうか？

これは、クローゼットでもそっくりそのまま同じです。

キッチンのタジン鍋やシャンパングラスが、クローゼットではトレンドものや特別な日に着るアイテムにあたります。そういったものは出番が少ないので、日常を支える戦力にはなりません。

いつでも使えて扱いやすい、シンプルで丈夫な食器のような、上質でお気に入りのベーシックな服が、いちばん頼りになるのです。そしてそれらを、着られるうちにできるだけたくさん着てください。

そうやってじっくりベーシックに向き合っていくと、そろそろクローゼットに新しい風を吹かせたいな、と感じるときがきます。そうしたら、**珍しい食器を買い足すのではなく、基本の食器を買い換えましょう。**

同じ白いお皿でも、ふちの部分が太かったり、厚みや微妙な色合いの違いで一気に新鮮な空気をまとうもの。そんな、**新しい白いお皿のようなセーター1枚、パンツ1枚が、またあなたのスタイルを形作っていきます。**

# 〝上げマーク⤴〟と〝下げマーク⤵〟で、疲れるものには近づかない

人は、疲れていると判断力がにぶります。

たとえば、シーズンの変わり目。新しい服を買わなくちゃとショップに行き、あれこれ試着しても、疲れていると自分に似合っているのかいないのかもわからず、「これがあると便利ですよ」と店員さんに言われるがまま、「そういうものかな」とフラフラと購入してしまう。そうして、家に帰って「いつものテイストと全然違う！　合わせるものがない！」となってますます凹む、という悪循環になりがちです。

## 疲れるものを避ける「アップダウン日記」

私も以前は、自分が疲れていることにすら気づかず、無理やり仕事を受けたり、新しい服を買って失敗することがよくありました。

でも最近、ある方法を編み出して、かなり失敗が減ってきたのです。

それは、**「アップダウン日記」をつける、**というもの。

たとえば、友人や仕事の関係者と会った日に、**「この人と会ったらいい気持ちになった」「この人と話していたらなんだか疲れた」と上がるマークと下がるマークをつけておく**のです。

人だけでなく、私は遅延型アレルギーがあるので、「これを食べたら気分がよくなった」「これを食べたら眠くなった」と、食事にもマークをつけておきます。

さらに、洋服も同じようにしてみました。**着たら上がったもの、下がったものを、マークにして記録しておく**のです。

これらを、毎日は無理でも、今、週3回くらいはつけるようにしています。

これを見返してみて、**ダウンマークがついている項目を避けるようにしておけば、疲れる頻度が減らせる**というわけです。

## マークをつけてわかったこと

しばらくやってみると、このアップダウン日記は、想像以上に役に立つことがわかりました。

たとえば、「人」。

嫌いではないし、悪い人でもないのに、なぜか会うと疲れる人っていませんか？

「会うと疲れる人」は「**エナジーバンパイア**」というそうです。

そういう人と仕事をすると、初めはよくても、なぜか面倒臭いことになったり、結局話が流れたりと、経験上、こじれることが多い気がします。

身に着けるものにしても、気に入っているけれどなぜか脇のところが痛くなるブラや、2時間以上履けない靴を間違って履いて、その日1日ブルーになったりすることがあります。

**こういったものや人はあなたを疲れさせ、足を引っ張るものですから、人生になくていいもの**です。いっそのこと、家の中に「ダウン箱」をつくって、「ダウンマークが3つ溜まったら捨てる」と決めておくのもいいのでは？

人は、生きているだけで疲れるものですから、いっそう疲れるものをなるべく効率よく排除して、心地よい時間を増やした方が、心も体もよほど健康に人生を過ごせるというもの。アップダウン日記は、知らず知らずのうちに人生に入り込んでしまった「人生になくてもいいもの」を見つけるためにとても便利なのです。

## 「苦手を克服する」という考え方を捨てる

私たちは、「頑張って苦手を克服する」という教育を受けてきたせいか、**努力して乗り越えたり、嫌いなモノや人を好きになろうとしたり、といった考え方が染み付きすぎています。**努力すれば誰でもオリンピックに出られますか？　答えはノー！

それなら、努力して嫌いな給食を無理やり食べたり、苦手な教科を頑張るようなことをいつまでもしなくてもいい。そんなことをしているうちに、好きなことやりたいことがどんどん遠ざかってしまいますから。

おしゃれだって、みんなが着ているからと、似合わないスタイルに挑戦したり、スカートが似合うのに苦手なパンツを無理にはかなくたっていいのです。

選ぶ権利は、自分にあるのですから、もう、自分の人生の足を引っ張る余計なものは、遠慮なく避けて通りましょう。

「自分を大切にする」って、そういうことではないでしょうか？

# 新しいポジティブは、「できないことがあっても当たり前」

数ヵ月前、かかりつけの病院に行ったときに、私は先生から「しばらくヨガはやめてください。掃除もしないでください」と言われてびっくりしました。

今までずっと、「ああ疲れた。ヨガに行ったら調子がよくなるかも」と、せっせとホットヨガに通っていたのです。でも先生の言う通りやめてみたら、だんだん調子がよくなってきて、とうとう先日、再度「ヨガOK」のお許しが出ました。

これを読んでいる若い読者さんにはまだちょっとピンと来ないかもしれませんが、「人間、本当に疲れるとヨガさえもできなくなる」のです。思えば若い頃は、調子が悪くなると「きっと体がなまっているせいだわ。体動かそう」とか、「これを飲んで（食べて）気合いを入れよう」と、何かをすることで不調を乗り越えようとしていました。でも、歳を取るとそれすらもやらない方がいいこともあるんだな、としみじみ思い知りました。

もちろん、何かをやって解決したり回復できるときはそれでいいのですが、**「やらなくちゃ」と、タスクを増やす方向だけで解決しようとすると、できなかったときの罪悪感だけが残って、いっそう自分を追い詰めてしまう、**とわかったのです。

## 「私はできないの」。葉子《ようこ》お母さんの教訓

ここで昔話をひとつ。

私の母・葉子は、私が何か頼んでも、「だって私、これできないの」とはっきり断る人でした。子供心に「え、ひどい」なんて思ったこともありますが、今考えると、それは正しかったのではないかと思います。

あるとき、こんなことがありました。

家の洗濯機が壊れて、今みたいに電話やネットですぐ新しいものを持ってきてくれる時代ではなかったので、代わりの洗濯機が到着して電気屋さんに設置してもらうまでに1週間ほど待たなくてはいけなくなったのです。

当時、私はまだ若くて力もあったので、自分の洗濯物と、ついでに家族のものもできる範囲で手洗いしてしのいでいました。

そんなとき、父が母に、「そろそろシーツを洗濯してくれよ」と言っているのが聞こえたのです。すると母は、「私はできないわよ」と一言。

父が「いく子はやってくれた」と食い下がると、母は、**「いく子はできたわよね。でも私はできないの！」**と言い放ったのです。

それを聞いた私は「はあ?」と思わずぽかーん。でも今思えば、当時、家業で忙しい母が無理をして服を手洗いし、疲れ切って体調を崩したり、機嫌が悪くなることを考えれば、確かにやらない方が正解だったのです。

## ヨーロッパの人を見習う

日本では、場の雰囲気やモチベーションが下がるから「〜できない」とか「〜は苦手」と言ってはいけない、と言われることがよくあります。でもそれって本当にそうでしょうか。

昔、第二外国語のフランス語の授業で、最初に「Je《ジュ》 suis《スイ》 fatigue《ファティゲ》.」つまり、「私は疲れています」という例文が出てきてびっくりしたことがありました。ほかにも、「今日は天気が悪いです」など、あいさつがいきなりネガティブ（笑）。それって、「How are you?」「I'm fine, thank you.」と、ポジティブから入る英語と正反対です。でも考えてみれば、人間ですから疲れていても当たり前。むしろその方が自然だと思いました。ヨーロッパの人たちはそれでうまくいっているし、そこから生まれる芸術やファッションだってあるわけですから。

「疲れた」「できない」「似合わない」ということは誰だってあること。

むしろ、**「できない」のがデフォルト（標準）と思った方がいい**でしょう。

おしゃれも、もしかしたら、多くの人にとって「苦手」な方がデフォルトなのかもしれません。だって、もともと洋服というのは私たちの文化ではないのですから。「やればなんとかなる」「似合わないものを似合わせる」と無理に頑張ってしまうから疲れるし、自分ができることや得意なことがわからなくなる。

反対に、「できない」「苦手」ということをきちんと自覚できれば、「じゃあどうする?」と次のステップに進むことができます。

ですから、**これからのポジティブは、「できないことはあって当たり前」**。ほかにできることがあるのだから、何か一つくらいできないことがあってもいいではありませんか?

**「私、これできません」と宣言することから、自分のおしゃれや人生が始まる**と思うのです。

# インスタは「ムーミン谷」と心得る

「インスタを見ていると、32〜35歳で小さい子が二人くらいいて、出産しているのにすごい細くて、ボーダーにトレンチに、デニムがすごく似合ってて、赤いペタンコ靴とか履いて、パリジェンヌみたいになんだかすごいオシャレなお母さんが増殖してるんです！

別の人は、無印の本に出てくるようなナチュラルなインテリアのお部屋に住んでいて、子供用のグッズとかもきちんと生成りの帆布のボックスに入ってたり……。

どっちも、実際に子供を育てながら仕事を回してる自分の日常ではまず成立しないので、できない自分に落ち込んでしまいます」

トークショーのあとの質問コーナーなどで、最近よく聞かれるお悩みです。

インスタの弊害についてはChapter 1でも触れましたが〝インスタ鬱〟に陥らないためにいちばんいいのは「見るのをやめる」こと。ですが、もう習慣になっていてどうしても見てしまう、という人も多いようです。

## 心が疲れない、インスタとの付き合い方

つらいけれどついつい見てしまうのなら、こう考えるのが一番。

**「インスタはムーミン谷である」**。

ムーミン谷には、ムーミンやスナフキン、ミイやニョロニョロなどがいて、見ていて楽しいけれど、あなたはムーミン谷には住んでいない。たまに見に行くと、「ああ、スナフキンがまた旅に出たんだな」なんて、別の世界のこととして楽しめる。

これが、心が疲れない、インスタとの上手い付き合い方です。


実は、**「東京」という街自体も、ムーミン谷のようなもの**です。

東京は、たくさんの人が、大学入学や就職のために地方から出てきている街なので、「その人たちの考える東京」というイメージでできあがっていて、とんでもないオシャレタウンだという錯覚があります。

要は、〝絵に描いた餅〟のような街なのです。

実際、東京で全国規模や世界を相手にする仕事をしていたり、おしゃれの最先端のような人たちは、故郷を捨てるくらいの勢いで来ているトップレベルで頑張っている人たち。そういう人たちが東京のイメージを牽引《けんいん》しているのですが、それを基準にしてしまったらたいへんです。

私はたまたま東京で生まれ育ってそういう幻想がなかったので、昔から周りを見て「みんな大変だなあ」（決して地方から来た人を下に見ているわけではなく、言葉通りの意味で）と思っていました。東京と言っても、23区だけでも広いですし、私が行ったことがないところや降りたこともない駅があり、本当はいろいろな人が生活している多様な街。決してスーパーオシャレなだけの街ではありませんから。

## ツアーの参加者になった気持ちで眺める

インスタや東京は、楽しいムーミン谷。**見ているだけなら楽しいのですから、見守って楽しめばいい**のです。

すごく美しいお部屋に住んでいるミニマリストは、「美しい部屋に暮らす妖精」と考えましょう。北欧かどこかの奥地で、ものがないのに工夫して心地よく暮らしている人々の暮らしを見るのと同じです。憧れるのと完璧に実践できるかは違いますからね（笑）。

それに、そういった「無印インテリア好き」の人たちは、もともとそういう環境で育って、そういうふうにお家《うち》の中をキレイにしておくことに何の苦も感じない人。というより、むしろお片づけをレジャーとして楽しめる人ですから、今、家の中が散らかっている人がそういう人たちと同じ土俵に立とうと思っても最初から無理です（たとえばＩＫＫＯさんは、部屋にゴミ箱がないとか。ゴミが出るとすぐに外に出しに行ってしまうからだそうです）。

もちろん、「わあ、素敵な部屋！」「素敵なファッション！」と憧れることは悪いことではないのですが、すべての人がそれを実行できるわけではないのです。

本当にムーミン谷で生活しようとは思わないように、憧れるだけにしておきましょう。

# 「憧れの幕内弁当」を作らない

インスタ問題でさらに厄介なのは、そういったムーミン谷のような村をいくつも見ているうちに、それらが統合され、すべてにおいて完璧な〝**スーパー素敵女子群**〟を**勝手に頭の中で作り上げてしまう**ことです。

体型はしゅっとして、トレンドを取り入れたカジュアルなおしゃれをし、きちんと片付いたナチュラルインテリアの部屋に住み、週末にはタッパー10個分くらい作り置きをして、映画を観たり、ヨガをするかと思えば、子供とアウトドアを楽しんだり動物園に行ったりもする……。

どうでしょう？　これは現実の人間でしょうか？

どれか一つならいいのですが、頭の中でそれぞれのいいとこ取りをして、人気のおかずがひととおりそろった幕の内弁当みたいなことになっています。

私の友達にも作り置きが得意な人がいるのですが、彼女は、1週間分の料理を作るために土日のうちどちらかは家にこもり、料理ばかりしています。

つまり、彼女はそのために、丸一日は映画もヨガも行かないし、お散歩だってしないのです。でもその代わりとして、平日の家事に余裕ができます。

前にも、人生、何かを取ったら何かを捨てなくてはいけないと言いましたが、週末の過ごし方なんてまさにそれ。週末は誰にとっても土日のみ。その2日で、映画も観て、作り置きをして、英語を勉強し、動物園にも行こうとしていませんか?

もしあなたが、仕事にも役立ちそうだから話題の映画を観たいな、と思ったら、もう、**作らなかった作り置きのことなんか考えなくていい**のです。逆に平日を楽にしたいのなら、週末の娯楽を1日減らして作り置きをしてもよい。娯楽か、平日楽か、の二択です。

## 〝旅〟に必要な要素だけ持つようにする

私はつくづく、**人生は旅**だと思っています。生まれたときに旅に出て死ぬまで放浪する旅でもあるのですが、むしろ、**短い旅の繰り返し**だと思った方がわかりやすいでしょう。

今は仕事をメインにした旅。少し前は恋愛を楽しむ旅。次は子育てを頑張る旅……など、そのときそのときで旅のテーマは変わります。男性よりも女性の方が、〝短い旅〟というイメージがわきやすいかもしれません。

短い旅は、旅のテーマによって、持っていくものが変わります。実際の旅だって、北海道に行くのと沖縄に行くのでは荷物が違うように、人生の旅も、その旅ごとに、お金と気力と体力を使うべきところは変わります。

限りあるリソースを、そうやってそのときそのとき大切なものに集中させると、生き方にブレがなくなるのです。

# 心にパワーを充電する方法

35歳までは生命力と復元力があるから少しくらい疲れても大丈夫ですが、それ以降は気をつけてください、というお話をしてきました。

35歳を過ぎると、自家発電能力も蓄電力も低くなる、とイメージしていただくといいでしょう。

そうなったときどうやって発電能力を回復するかというと、お伝えした通り、寝ることとタスクを減らすことがまず第一。そして平常運転に戻ってきたなと思ったら、次にやることは、パワーをプラスに持っていくこと。

それには、**美しいものを見ることがベスト**です。

## 審美眼を養う・良いパワーをチャージする

激流のような毎日の中、「美しい」をおろそかにしていませんか?

よく、「心の栄養」などと言いますが、生きていく上で、美しいものを見ることは本当に大切です。

人によって美しいと感じるものは違いますから、美しい花でも、絵画でも、景色でも、インテリアや建築でも、なんでもいいのです。

だまされたと思って、**美しいものを見て味わう時間を、1日の中にあえて作ってみてください。**

私はこの頃、疲れたなと思ったら、電車で1時間半の湘南まで行き、海に沈む夕日を眺めたりしています。近くのコンビニで無添加ワインでも手に入れて、友人宅で飲むのもよし。交通費含めたった数千円でものすごく心の栄養になります。

天井が高くて、いい〝気〟の流れているホテルのラウンジなどでお茶をして、通りすがりのおしゃれな人たちを見るのも楽しいです。

そういう、生きるのに必ずしも必要ではないけれど、心を少し豊かにしてくれるもの。それが、心の発電力をアップするのに効果的なのです。

美しいものを見ているうちに審美眼も養われ、色使いやバランス、映える組み合わせなどがわかってきて、すぐには効果が表れなくても、だんだんおしゃれにもいい影響が出てきます。

## 「気の合う人」はパワーの源

もうひとつ、私の周囲でこぞってみなが言っているのが、**気分が滅入っているときは人に会う**、ということ。もちろん、**気の合う友人限定**です。苦手な人と会うのは絶対やってはいけないので、くれぐれも気をつけてください。

気の合う人であれば、女友達でも男友達でもかまいません。遠くにいて会えないのなら、今はLINE通話だってあります。実家にいた頃、「いく子、あんたまた海外の友達と長電話したんでしょ。電話代1万5千円になってるわよ!」「ええ? 30分しか話してないのに」なんて葉子母さんから文句を言われていたことを思えば、その点は本当にいい時代になりました。

気の合う人とお茶したり、ちょっと飲みに行くと、お互いにパワーをチャージできて、生きるアイデアや、おしゃれのアイデアが自然とわいてきます。疲れてエネルギーが落ちたとき、これほど効果的な充電法はありません。

時々でいいので、そういう人たちと時間を取って**キープ・イン・タッチ**、触れ合い続けることは、人生が生きやすくなる秘訣だと思います。

## 「友達100人」必要ですか？

ところで、トークショーでこういう話をすると、「私は友達が少なくて……」とか、「友達がなかなかできません」という人がいます。

ですが、この間ある記事で読んだのですが、人より秀《ひい》でている人というのは、その人とパワーのレベルが合う人が少ないので、友達が少ない傾向があるそう。だいたい、「友達100人」もいたら面倒臭いだけですから、少数精鋭でOKです。

それでも、本当に友達がいないんです、という人には、こんな話をします。

あなた、今日ひとりでここに来たでしょう？　そして、隣の人といっしょに笑っていたでしょう? それでいいの。**ここに来た人たちは同じ趣味・関心を持つ人なのだから、学生の頃、クラスで隣に座っていた子よりもずっと接点があるはず。**本名なんか知らなくても、フェイスブックやインスタを見ればその人の人となりがわかるから、IDを交換して、ゆるいつきあいをしながら知り合っていけばいいのよ、と。

実は私自身これを実践していて、SNSで知り合ったロックつながりの若い友達とは、本名も知らないままいっしょに旅行に行ったり、まるで親戚のおばさんのように、彼女の家に遊びにいっていっしょに料理を作ったり、お子さんを〝フェイク孫〟(笑)として面倒をみたりもしています。今年の桜の季節には、そんなロック女子友と、上京していた彼女の実のお母さん、フェイク孫といっしょに〝フェイク親戚〟としてお花見をして、本当に楽しかったです。

年齢も性別も関係なく友達ができ、お互い何をしている人か知らなくても共通の趣味で楽しめるのは、SNSのよい面ですよね。

エネルギーが心の底からわいてくる、ほぼ0円エナジーチャージ、ぜひやってみてください。

# Chapter 4

# 冬ごもりから脱出！ファッションリハビリのすすめ

# スキルとしてのファッションを身につけよう

さて、よく寝て、やることを減らして、気の合う友達とおしゃべりして、心の充電はできましたか？

心にパワーが戻ってくると、「またおしゃれしてみようかな」という気持ちになってきます。

でも、ここでまたインスタを見たり、あれこれとタスクを増やしてしまったら元の木阿弥《もくあみ》。知らず知らずのうちにまたハードルを上げてしまい、泥沼の**ポジティブ・マラソンランナーに逆戻り**です。

せっかく、〝1回休み〟でコースを外れて英気を養ったのですから、戻るべきコースを間違えないよう、ここでいったん、〝自分の価値観〟というハードルをリセットしましょう。

## スキルとしてのおしゃれを確立する

そのリセット法のひとつとして提案したいのが、**「スキルとしてのファッション」と「自分が楽しむためのファッション」を分けましょう**、ということ。


「会社に着ていけて、オフの時も着られるものを教えてください」

「通勤服をもっとおしゃれにするにはどうしたらいいですか？」


雑誌の企画でもトークショーでもよくこんな相談をされるのですが、これに対する私の答えは、

「量販店のスーツを買って、会社に置いておいてはどうですか？」

いいえ、決して意地悪で言っているわけではなく、会社はおしゃれをしにいくところではなくて、働いてお給料をもらうところ。だから、それに適した格好をするのがベストだからです。

とはいっても、あなたがまだ20代なら、もしかしたら会社は「パートナーをつかま

えに行くところ」かもしれませんから、それはそれで、そのためのおしゃれをするのはアリ。

でも**35歳を過ぎたら、「おしゃれ」と「目的」をきちんと分けて考えた方が得策**です。

以前、インタビューした20代の女子は、制服のない会社だけれど、制服っぽいコーディネートを自分で作って会社のロッカーに用意し、毎朝それに着替えて仕事をしていると言っていました。

通勤ファッションに悩む人は、**会社でもアフターファイブでも満遍《まんべん》なくおしゃれをしようと思うから疲れてしまう**のです。そこで彼女のように「会社コーデ」を決めてしまって、行き帰りは自分の好きなファッションを思い切り楽しむ方がずっと合理的。そういう割り切りが必要だと思うのです。

みんなが大好きなローラだって、「インスタに上げ」て、「みんなの女神でいること」が彼女のお仕事なのですから、あれはおしゃれではなく、彼女にとっての会社の制服。お金を稼ぐための戦闘服なのです。

間違ってほしくないのは、そういった「スキルとしてのファッション」は、決して、

「みんなもこういう格好をしているから」という同調圧でやるのではない、ということ。そういう格好をすることでお給料が上がったり、つきたいポストにつくという、**目的を叶えるためにする装いが、「スキルとしてのファッション」**です。

とはいえ、量販店のスーツだけではあまりにつまらない、と思うのなら、ちょっと奮発してハイブランドのキーケースやポーチを〝自分へのプレゼント〟にしてみたり、iPhoneケースを新調してみては？　それで十分、おしゃれ心は満足できるはずです。ヴィクトリアズ・シークレット（若い子は〝ヴィクシー〟と言います（笑））のレースのブラを制服の下につけるのも素敵ですね。

# 1アイテムだけ買い足してファッションリハビリ

思いっきり冬ごもりしてそろそろ外の風に当たりたくなったら何から始めるか、という話をしましょう。

しばらく隠遁生活を送ったら、服を買うこと自体が新鮮で、一気にいろいろそろえたくなるかもしれません。

でも、今はまだリハビリ中ですから、はやる気持ちはぐっと抑えて、**新しく買うのは1アイテムだけ**にすること。

たとえば、流行中のスニーカーがほしいと思ったら、そのシーズンに買うのはスニーカーのみ（ちょっと投資して約1万円）。バッグやメガネでもいいですが、とにかく1アイテム買ったらそれを、そのシーズンほぼ毎日使う。ほかは、すべて手持ちのもののまま。これが、リハビリ中の楽しい過ごし方です。

1シーズンは、3ヵ月から半年。その間、新しくした1アイテムをじっくり使い続けると、流行の新しいものを持つというのがどういうことか、そしてそれを持つことによって自分がどういう気持ちになるのかがわかってきます。

新しいものをたくさん買ってしまうと、それぞれのアイテムを身につける時間や回数が少なくなり、結局どれが似合うのか似合わないのかもよくわからないままにただなんとなく着て終わり、になりがちです。ボーイフレンドだって大勢いるとありがたみがなくなるし、誰がいちばん合うのかわからなくなるでしょう？　それと同じ。

学校の制服を思い出してください。入学して新しい制服に袖を通したとき、最初はみんな全然似合いません。それが、毎日着るうちに、それぞれスカート丈やタイの長さなどを調整することで、だんだん自分のものになり、着こなせるようになってきます。

そうやって1アイテムを使い込んでいるうちに自信がついて、もうひとついけそうだなと思ったらまた1つだけ買い足します。そんなことをしているうちに半年くらいすぐ経ってしまいますから、また次のシーズンのものを1つだけ買います。

1つだけならいいものに投資できますし、気分もリフレッシュできます。そして、朝、着るものを選ぶときも迷わなくなる、といいことずくめ。

この**「1シーズン1アイテム運動」**、おしゃれ修業に最適ですから、ぜひトライしてみてください。

## 無駄買いは無駄ではない

ただ、たびたび書いていますが、人間、1つだけと思っていても、ストレスがたまっていたりすると衝動買いしてしまったり、なんとなく新鮮な気分がほしくてとんちんかんなものに手を出してしまうこともあります。

それはそれで、「ストレス解消買い」ですから、ＯＫ。

「変だったな」と思えば捨てたり誰かにあげたりすればいいですし、買うときにアガって楽しかったのなら、それですでに役割は果たしています。「買ってしまったのだから」とそれを無理に身につけようとするから、つけるたびに気持ちも下がり、疲れブスになっていくのです。

私はよく気分転換にフラッとフライングタイガーに行って、「楽しい！」「安い！」と細々《こまごま》とした雑貨を買うことがあります。そういったものは結局は無駄になりがち。でも、300円のポップな雑貨でそのあと数週間楽しくなるのなら、それはそれでとてもいいことではないですか？

**人生には、そのときだけ気分をアゲてくれる楽しい無駄も必要**なのです。

# 気持ちが下がったときは、自分でかけられる魔法をかける

もう疲れてずっとジャージで過ごしたい……と思ったらジャージで過ごしてOKです。

でもジャージでいることにも飽きてきた、とか、今、気分が下がりすぎているな、と感じたら、気分を変えてくれる魔法を自分に投入しましょう。

魔法使いのおばあさんが、「ビビデバビデブー！」と全身に魔法をかけてくれることはありませんが、たとえば眉だけ描いてみるとか、マスカラをつけてみるとか、自分で自分にかけられる魔法をちょっとだけかけるのは、誰にでもできるリハビリです。

ちなみに私の魔法は、次のようなものたちです。

## ●シャネルのネイル

私の場合、いちばん手っ取り早いのはネイルを塗ること。手は自分でもいちばんよく見えるパーツですから、気分が下がっているときでも、自分を立ち上がらせるきっかけになります。**「あ～、なんだか最近ダメだわ……」と思ったら、シャネルのカウンターへGO！**

シャネルのネイルは1本3200円（本体価格）もするのですが、最新のカラーを爪にのせるだけで、一瞬で〝ナウい〟気持ちになれます。プチプラのネイルが10本買える値段ではありますが、たくさん買ってあまり使わない色があるよりは、1本でもそのあと2～3ヵ月、確実に自分をアゲてくれるのならコスパは十分というもの。

昨年のクリスマスの時期は寒くて気分が下がっていたので、真っ赤を塗っていました。真っ赤は派手なので苦手という人もいますが、シャネルの赤なら決してけばけばしくはなりません。同じシャネルでもそのときの気分で、あえてダークな色を選んで魔女みたいな気持ちを楽しむこともあります。

## ●素敵な香りのボディシャンプーやバスソープ

これはぜひ、オーガニックでシングルノートのものを選んでください。私のお気に入りはジョー・マローンのシャワージェル。6～7千円もするので「高い！」と思うのですが、これも2～3ヵ月、下手をしたら半年使えます。そうしたらその間、**バスタイムはいつだって女王様。**

ボディシャンプーに6千円も出せない、という人は、無印のバスソープ（250円）もおすすめ。それを、ボディソープとしてだけではなく、ハンドソープとして使うのです。マンダリン、レモン、シトラスウッド、アボカドといろいろな香りがそろっていて見た目も楽しく、手を洗うたびに気分をアゲてくれますし、キツい香りの柔軟剤より人に迷惑にもなりません。

こうした、数千円でできるプチ贅沢は、冬ごもりから抜け出す「おしゃれスイッチ」。効果てきめんですから、試してみる価値はアリと断言します。

もしもそれすらも面倒で、リハビリ中に着ているジャージに一向に飽きないのなら、それは相当疲れているということ。前にも言ったように、まずは即行でベッドに行って、たっぷり寝るのが先決です。

# 「やっちまったアイテム」は、早めに手放してかわりに心に栄養補給する

買ってみたはいいけれど、値札が下がったままで一度も袖を通していない服。

朝、着てみたはいいけれど、どこかがヘンで、脱ぎ捨てて着替えた服。

あなたもそんな服がクローゼットにぶら下がっていませんか？　「私はそんな失敗服はありません。すべて活用しています」という人は、〝奇跡の人〟だと思います。

そういった「やっちまった服」に払ったお金は人生の授業料。多少はフトコロが痛んでも**勉強できたのだから０Ｋ**と考えましょう。

それに今は、失敗をプラスに変える方法だってあります。

あなたにとってやっちまった服でも、ほかの誰かにとってはおいしいアイテムかもしれないので、メルカリなどで売ること自体がよいことです。新品やそれに近い服なら、安くても1000～2000円くらいにはなるでしょう。

そうしたら、そのお金でいつもよりもちょっと素敵なレストランでランチをしたり、映画を観たり、美術展に行くのです。

そうやって失敗を体験に変えて、心の栄養補給をする。**メルカリの販売価格は、ちょうどそれにぴったりくらいの金額**になりますよね。

「美しいもの」はただ見るだけで心を浄化したり、エネルギーをチャージできますし、おしゃれ感度を上げることもできます。

私はスタイリストですが、世の中に大勢スタイリストがいる中で、色使いだけはちょっと自信があります。それはなぜかと考えると、美術好きだった父に、幼い頃から美術館や画廊に連れて行かれまくったせいで、色に対する感性が知らないうちに磨かれてきたからだと思うのです。

「心にパワーを充電する方法」のところでも少しお話ししましたが、**「美しい」ということを知るのは、実はこの世でいちばん大事なこと**なのではないかと私は思っています。でも今は、何事も「早い」「安い」「便利」一辺倒で、美しさの価値が忘れられがち。

今、電車に乗ると、ほとんどの人がスマホを見ていますし、歩きスマホで二宮金次郎像みたいになっている人もいます。スマホが悪いというわけではありませんが、ネット上にあるのはあくまでも誰かの目を通した情報。そういったものばかり見ていると、感度はにぶっていくのだと思います。

## ヨーロッパに感じる奥行き

私は年に数回ヨーロッパに行きますが、最近は、現地で特別に何か買うということはほとんどなくなりました。

**公園を散歩してただ水を飲んでいるだけで幸せ。**

それはやはり、街そのものが美しかったり、美術館があちこちにあってタダで入れたりと、美しいものが生活の中に根付いているからだと思います。

美は、環境なのです。

ヨーロッパは経済的には日本よりも早く破綻しましたが、そういった感性の豊かさやセンスに価値を置いているので、新しい美も生まれ続けているのだと思います。

日本は、街並そのものが美しいという場所は、限られてはいるもののまったくないわけではありません。

春には桜がいっせいに咲くし、季節の花々もそこかしこに植わっています。

都会から少し離れれば美しい景色はいたるところにあります。

東京からだって、さっき言ったメルカリの売上くらいの電車賃を出せば、海に沈む夕日を観に行くことができます。

今これを読んでいるみなさんも、そうやって**無理をしない程度のお金を出して、美をチャージできる場所**が身近にあるのではないでしょうか？

美しいものに触れると、「ああ、きれい」と心が動き、感動します。

電車の窓から風景を眺めるだけでも、「都会も捨てたもんじゃないな」などと思うことがあると思います。そういう感性を育てていくと、おしゃれも、「このブラウス、発色がすばらしいわ」とか、「この服のこのラインがもたついているわ」と、いいもの、悪いものが明確にジャッジできるようになります。

## 見える人には見えている

仕事でよくカメラマンやヘアメイクの方とご一緒しますが、すごくうまい人たちは、モデルさんが素の状態でも、「その先」にある美しさが初めから見えています。

ヘアメイクさんなら、そのモデルに何を足せばいいか、自分の頭の中にある「キレイ」に合わせて最適の方法でメイクしていくし、カメラマンは、そのモデルがもっとも美しく見える「絵」が最初から見えていて、それに合わせて自分から動き、モデルの「美」を掘り出していきます。

ですが、ヘタな人だと、ただ待っていて、「このモデルは動けない」とモデルのせいにしたり、ヘアメイクはゴールのイメージがないままどんどん盛っていって、モデルの素の美しさにマスクをかぶせてしまうこともあります。
それは、美の基準が自分の中になく、迷いが生じているから。
美の基準は、誰かに教えてもらって身に付くものではありません。
プロであれ、私たちであれ、**美しいものに触れるのは自分への投資**なのです。

# 浮かれ買い対策&深夜ポチッと問題

判断力を磨くためには、美しいものを見ることと同じくらい、体験にもお金を使いましょう。

ジェットコースターが好きな人はジェットコースターに乗りに行くのもいいでしょう。「お一人様富士急ハイランド」でイェーイ!も、気分爽快なのでは?

**何かを体感すると、頭の中だけでこねくり回してもやもやしていたことから、ちょっと離れることができる**のです。

たとえば私は、ショップで服を買うかどうか迷ったら、いったん外に出て、カフェでクールダウン。

ちょっとお高めのケーキセットかハイボールとおつまみセットなどを頼んでゆっく

り味わいながら、「あれ、本当にほしかったのかな？」と考えてみます。

そして、「あ、今はこのケーキセットで幸せ」「ハイボールとおつまみで幸せ」と思ったら、もうその服は買わない。なぜなら、その服はケーキやハイボールセットに負けているからです（笑）。

食べ終わって、「やっぱりほしい」と思ったら面倒でもショップに戻りますし、仮に売れてしまっていても、「あ、縁がないってことを、このケーキセットが教えてくれたんだな」と思うことにしています。


ほしいけれど迷うということは、「今の私には難しいかな」とか、「これ買っちゃったら、来月ちょっときついかな」とか、心の奥で何かマイナス要素が引っかかっているということ。いったんその場から離れて客観視することによって、判断力を取り戻すことができるのです。

本当に迷わず「絶対ほしい！」というものは、リボ払いにしてでもその場で勢いで買ってしまいます。それは、ケーキを食べに行く時間ももったいないほどなら、きっとその服はそれくらいの盛り上がりをくれるはずだから。そういった自分の体感も、判断材料のひとつです。

## 購入ボタンをポチッとする前に

私にとって、深夜のネット買いほど恐ろしいものはありません。

夜中にネットやテレビを見ていて、まったく買うつもりがなかったものでも、うっかり買ってしまうこともあります。この間は、アマゾンで「●●円以上で送料無料」のワナにハマり、頼んだ覚えがないのにインスタントラーメン5袋入りが3パックも届いて仰天しました。

そんなうっかりを防ぎたいときも、商品をいったん買いものカゴに入れたままにして、ちょっとお茶を飲んでみたり、お風呂に入ったりしていったん画面から離れると、少し落ち着いて判断力を取り戻せることがあります。

でも、通販の場合はギャンブルみたいなものなので、エンタメだと思ってたまにはポチッといってしまってもいいのではないか、とも思っています。

私は、雑誌の企画でも講演会でも、「通販で失敗しないためには？」と本当によく聞かれるのですが、それに対する答えは、**「失敗してみようよ！」**

**ダメならダメでしかたない。**３０００円のワンピースが私を幸せにしてくれるならもうけもの、くらいの気持ちで楽しむのもよいのでは？

私の経験から言うと、歳を取るにつれ、若い頃よりも失敗が増えます。一見逆のように思えますが、それはたぶん、若い頃は意地を張っていて失敗を失敗と認めていなかったから。

元号も変わったことですし、もう、ひたすら失敗を避けておそるおそる進む生き方から卒業してみてはどうでしょう。

人生、失敗してなんぼ。

**だって人生は、ほとんど失敗で成り立っているのですから！**

失敗して「私には似合わない」と分かった時点で、それは経験値＝プラスになるのです。

失敗から学びましょう。

# リセットして
# 自分を愛するための10分を

ハンドクリームを塗る3分、髪をとかす2分。

1日の中のほんの少し、たった数分ですが、自分のためのそういった時間は、思った以上に大事です。「古い靴下や下着を捨てるちょっとした時間」などというのも、これに入れていいかもしれません。

仕事や子育てで目の回る忙しさで、そんな気力ない、という人もいると思いますが、インスタや見栄のためのおしゃれではなく、**自分のために使うほんの数分の時間は、自分だけでなく周りもハッピーにする**と思うのです。

還暦を目の前にした私が改めて自分の人生を振り返って思うのは、なんだかんだ言いつつも、結局、**いつも誰かのために何かして生きてきたのではないか**、ということ。

Chapter 2でも触れましたが、女性は誰かの「侍女」になってしまいがちで、自分のために時間やお金を使うことに罪悪感を感じてしまうことがあります。

20年くらい前の私の友人にも、そういう人たちがたくさんいました。でもそういう人たちは、子供が大きくなるとやることがなくなってしまうのです。そしてそのまま、今度は介護が始まり、親の侍女に――。

私にも、侍女の時代がありました。その頃は、病気で入院している母の介護があり、週3〜4回は病院に行って、洗濯物を持ち帰り、洗ってアイロンをかけてまた届け、自分の仕事もして、と、1日じゅう、追いまくられているような日々でした。

そんなことばかりしていると、業界のパーティに顔を出しても「こんなことしていていいのかしら」という気持ちになってきて、ほんの10分か20分、シャンパンを1杯飲んで名刺だけ置き、トンボ帰りしていました。

この本ではインスタなどSNSの問題にたびたび触れていますが、SNSをよく見てしまうのも、ほかに楽しみがないからだと思うのです。そして楽しみのために見ていた友達のフェイスブックや知らない人のインスタで、自分が侍女だということを思い知り、傷ついてしまう。

そんなふうにならないためにも、**1日に10分だけ、自分を慈しむ時間を持ってほしい**のです。

私も先日、ある辛いことがあったときに、贅沢だなと思いながら、バスソルトを入れて朝風呂に入ってみました。優雅に過ごそうと思ったのですが、生来気が短いので、5分と入っていられなかったのですが……。

でも、**自分のために手をかけてあげられたということで、気分が変わり、立ち直るきっかけになった**のです。

育児や親の介護をしている人はとくに難しいかもしれませんが、その**日常から数分だけでもタイムアウトできるような時間**を持ってください。罪悪感を感じる必要はありません。

# Chapter 5

# 新しい
# おしゃれのための
# 処方箋

# クローゼットは7〜8割完成くらいがちょうどいい

20代はおしゃれ武者修行時代ですが、30代になると「ほしかったあのコート」や「ちょっと背伸びしたジュエリー」などがそろってきて、だんだんとクローゼットが完成に近づいてくるのではないかと思います。

でも、決して**100％完璧！という状態はめざさない**でください。

クローゼットは、7〜8割完成していれば十分。それは、バラバラのジグソーパズルが、最後のピースをはめた瞬間に〝ただのでこぼこした絵〟になってしまうのと同様、「これで完璧」というクローゼットはもはや「過去の自分」だから。古臭く見える人はジグソーパズルが完成してしまっているので、「過去に生きている人」になってしまっているのです。

どんなに素晴らしいお洋服のコレクションでも、来年になったら新しい素材も、ラインも生まれてくるだろうし、天気もどうなるかわかりません。だから、来年も素敵に見えるとは限らない。

ですからクローゼットは、「だいたいそろっているけれど、まだ●●が足りない」というように、2〜3割の隙間を残しておくこと。**〝いつもちょっと足せる〟というのがアップデートのコツ**なのです。

その部分は、完成した部分に対して〝ノイズ〟でもあります。

ファッション教則本がすぐつまらなくなってしまうのは、ノイズがないから。

出来上がった料理に苦味や辛味というノイズを入れてアクセントをつけるように、**ファッションにもノイズがあった方が深みが出て面白いもの。**

ノイズの部分は冒険していいところなので、そこで失敗しつつ、だんだんと精度を高めながら成長していけばいいのです。そうやって何かを探しているときがいちばん楽しいときでもあります。

## 全部そろえたときに起こること

おしゃれの話と離れますが、以前、こんなことがありました。

バブルの頃、とてもお金持ちの友達が家を建てて、当時まだ出たばかりの大型薄型テレビを居間に設置し、お風呂にもテレビを入れて、家中、〝当時の〟最新式のものですべてそろえたのです。当時、そんなに大きな薄型テレビはまだ珍しかったのでみんなで見にいきました。

ですが、それはまだ出始めだったので、画面比率の調整もうまくいかず、画面がやたら横に引き伸ばされて見えたりしていましたし、何より、その薄型テレビでさえ、厚さが15センチくらいあって、今の感覚でいえばぜんぜん薄くなかったのです。とくにバスルームに設置したテレビはブラウン管だったので今では映らなくなってしまい、せっかくの素敵な設備が無用の長物になってしまいました。

つまりこれも、完璧だと思ったその瞬間から、ものごとは古くなっていくということの例（まあ、こういうチャレンジャーがいるからこそ、家電もファッションも進化するのですから、ありがたいことではあるのですが）。

完璧に整えるのはいいことのような気がしますが、こんなリスクと背中合わせでもあるのです。

やっぱり人は、「ちょっと不便だな」「あれがあったらいいだろうな」と思っている方が楽しいし、その気持ちがあるからアップデートしていけるんだなと実感しました。

クローゼットも家も、そして人生も、「**2〜3割の隙間**」を持つことが、時代の風を感じながら生きるコツと言えるかもしれません。

# おしゃれも人生も、どこにフォーカスするかを考える

当たり前のことですが、誰にとっても1日は24時間。そして今、人生100年時代と言われているけれど、永遠に生きられるわけではなくて、誰にでもいつかは終わりがきます。

ですが、そのことをふだん私たちはあまり意識していません。とくにまだ30代くらいだとリアリティがなくて、あれもこれもと手を伸ばし、毎日の生活にいろんな要素を詰め込めるだけ詰め込もうとしているかもしれません。

そういう方にはまだちょっと早いかもしれませんが、少しずつ、おしゃれも人生も、どこにフォーカスするかを考えていくようにしましょう。そうすれば、その後の人生がとっちらかってしまうことを防げます。

## どこにフォーカスするかを決める

「あれもこれもやらなくちゃ！」とあっぷあっぷしながらずっと過ごしていると、時間の流れに溺れかけたまま、40代、50代も流れていってしまう危険性大です。

それを防ぐには、何をやればいいかを、このへんで一度考え直してみることが大切。

そのときの判断基準は、**「好きなこと」と「アガること」**の2つです。それを基準にしぼりこんでいくのです。

もし自分が何にアガるのかわからなかったら、それはもうかなり疲れている証拠なので、お風呂に入って、寝てください。

一つ、例をお話ししましょう。

私は、昔、髪を長く伸ばしていたのですが、あるときをさかいに切ってしまって、それ以来ずっとショートにしています。

なぜ切ってしまったかというと、髪の量が多くて乾かすのがものすごく面倒臭かったから。ショートにすることで、**髪を乾かすための20分を、私の人生から永久になく**

**してしまったわけです。**

でも、長い髪の自分が大好きな人なら、毎日20分のドライヤーの時間は惜しくないかもしれません。そのかわり、その人はドライヤーをかける20分間分、ほかのことをあきらめる。それは、その人の人生です。それで気分があがるのですからＯＫ。

たかが髪を乾かすくらいのことでおおげさなと思うかもしれませんが、毎日20分を数十年と考えれば、どれほど大きなことなのかわかると思います。

日本はとても便利な国で、なんでも簡単に手に入る気がしてしまうので、それだけに何をするにも「なんとなく」とか「もっと」という思考になり、**「ちゃんと選ぶ」「ちゃんと捨てる」**ということをしてこなかったように思います。

今、ちょっと周りを見回してみてください。そこにあるものは、ちゃんと自分で選んだものですか？

もしも今、おしゃれがうまくいかないとか、毎日がうまく回らないと感じているのなら、**自分の24時間の中に残すべきこと、思い切って切り捨ててしまうことを、考えてみるべきとき**なのでしょう。

# いいことと悪いことは背中合わせ

今の時代、何かにフォーカスすることに加えて、もう1つ大事な考え方があると思っています。

それは、**「いいことと悪いことは背中合わせ」**という考え方。

何かを取ったら何かを失うというのが当たり前で、おいしいことやうまいことばかり取ることはできない、ということを忘れないようにしてください。

たとえば、「わ〜、今日の格好ダサすぎだわ」と泣きたくなった経験は誰しもあると思います。でもそんな日は、その格好をすると自分がひどく見えるということを学んだと思えばいいのです。いつでも100点を取らなくてはと思うと、どんどん疲れてきます。

何か新しい服を買うときも、プラス面とマイナス面、最初から両方あると思って買った方が、そのあとも対処できます。

先シーズン、私はスエードにしか見えないフェイクレザーのパンツを買ったのですが、見た目からは想像できないくらい縦横にストレッチが入っていてすごくはきやすく、おまけに洗濯もできるし、値段だって高くない、といいことずくめのパンツでした。

これだけなら本物のスエードよりずっといいわ……となるのですが、やっぱり本物と違うのは、そのパンツは、おそらくもって2年か3年だということ。

生地に入っているストレッチ素材が徐々に劣化してきて、ある日突然、「あれ？なんだかシルエットがもたもたしてる」と、急に似合わなくなってしまうのです。今までと同じつもりではいて出て、ビルのウインドウに映った自分の野暮ったたさにびっくり！なんていうことも。**どんなにお気に入りでも、この日が来ることは覚えておきましょう。**

一方、本物のスエードなら、これほど劣化しませんし、むしろはけばはくだけ味が出てくることもあります。

長くもつ気がするジーパンもそう。今のジーンズはほとんどストレッチ素材が入っていますから、いつの間にか伸びています。

## 歳を取る＝劣化？

いまだに、若いことを最上とする価値観が蔓延する日本では、女性ならとくに、生きているだけで鬱になってしまうかもしれません。生きている限り、歳は取っていくわけですから。

でも、白髪が増えてきたり、ちょっと丸みを帯びた自分の体のラインを見て落ち込む一方だったら、そのあと生きていけないですよね。

悪いこととして考えられがちな白髪だって、白髪の部分だけ明るく染めてハイライトにしたり、染めた時に全体が明るくなるので、若い頃より明るい色が似合うようになったりします。

物事はなんでもそう。生きていればいいことばかりではないのは当たり前ですが、それを悪いことととらえたら、面白くないことがもっと面白くなくなってしまいます。オセロではないですが、悪いことをぱっとひっくり返して裏から見てみれば、明るい側面もあるものです。

そんな発想の転換ができるといいと思います。

# 「似合うもの」を知っている人より、「似合わないもの」を知っている人がおしゃれ

私がスタイリストとして、「これは人に負けない」と自負するのは、その人に**「何が似合わないか」をジャッジする**こと（笑）。実は、自分に何が似合わないかを知ることは、おしゃれの近道です。「似合わない」とわかっていれば、そのアイテムに手を出さずに済み、「ダサい人」になる確率が減るからです。

年齢を重ねると、昔似合っていたものが似合わなくなるのは当たり前のこと。でもそれも、さきほどの「いいことと悪いことは背中合わせ」で考えれば、必ずしも悪いこととは言えません。

似合うものが少なくなるということは、もう、強制的に買うものが絞られるということ（笑）。それは、自分のスタイルが確立してくることと同じです。

個性がはっきりするということなので、失敗が少なくなりますし、断捨離だってしやすくなります。いろいろと似合ってしまうよりむしろいいことかもしれません。

## 何かに「寄せる」のはもうやめよう

今までは、「私はおしりが大きいからトレンドのプリーツスカートが似合わなくて」という悩みに対して、「そんなことないわよ。こうすれば似合うわよ」と、〝寄せていく〟時代でした。

でももう、そんなことをわざわざする時代ではないと思います。

「なんでプリーツスカートが似合わないんでしょう?」と聞かれたら、

**「じゃあやめましょう」**

それだけ。

おしりが大きいなら、プリーツスカートを無理やりはくよりも、腰がはっているからこそかっこよくはけるタイトスカートを探した方がベター。逆に、柳腰体型の人はタイトは難しいのでプリーツがおすすめです。それぞれ得意なものを身につけている方が、間違いなく、ずっとその人がかっこよく見えますよね？

世界的なセレブや、コレクションに集まるアメリカやヨーロッパの40代以上のファッション関係者を見ると、服のバランスはいつも同じという人ばかりです。それは、**似合わないスタイルは絶対にしない、流行っているからという理由だけで着ることなんか絶対にない、からです。**

そうやって、自分の似合わないものをよく知って、不得意を避け、自分のバランスだからこそうまく着こなせるものを知っている人がいちばんおしゃれ。

彼女たちは、同じスタイルだからといって古くなるのではなく、「自分はこれ！」というスタイルを時代に合わせてアップデートしています。いつも微調整しながら自分のスタイルを極めていっているので、歳を重ねてさらに洗練されていくのです。

さまざまな格好にトライしているのは20代のエディターだけですが、彼女たちは今まさに修行時代なのでそれでＯＫ。若い時のトライ＆エラーの数が、来るべき40代のかっこよさに直結します。そこで〝**自分にとってのエラーアイテム**〟を知った人がのちのちおしゃれの達人になるのです。

ショップの試着室の中で「あれ?」と思ったら、「似合わない……」と落ち込むのではなく、**「似合わないものがわかってよかった!」**と切り替えること。

そして、おしゃれ経験値をどんどん上げていきましょう。

# 〝節目年齢〟での、おしゃれのリセット法教えます

「あ、こういうの、もう似合わないかも……」という日は突然やってくるので、不意を突かれてびっくりし、一気に年齢を感じて落ち込む、というのが誰もが通過するエイジングの王道パターン。

ですから、「そういう日が来るよ」ということをあらかじめ知っておくのと同時に、いざそういう日が来た時のために、**自分のおしゃれを再設定する方法**を、お伝えしておきましょう。

まず、「このスタイル好きだな」「こんなふうになりたいな」「素敵だな」と思う人たちの画像を集めます。

次に、自撮りか、他人に撮ってもらった写真の中で〝イケてる〟と思える自分の写真を選び、さきほどの〝好きな〟写真といっしょに、スマホやパソコンの画面に並べてみます。プリントアウトしてみるとなおいいでしょう。

そして、**「なりたい人」と「現実の自分」を見比べてみて、どこならなれるかな、とか、自分が素敵に見える感じってどういうスタイルかな、と客観的な目で観察してみる**のです。

さてその次。

**自分が「いいな」と思った人たちのどこがいいと感じたのか、1つずつ紙に書き出してみましょう。**そして、その中でどれが実践できるのか、冷静に考えてみるのです。

たとえば、「この人すごい素敵だけど、身長が172センチ。私は157センチだからどう考えてもパーツが無理だな」とか、「この人は顔の形が似てるから、この髪型はイケるかも」などなど。

これをすることで、**自分が目指したい方向とは別に、目指せる方向、可能範囲を割り出せます。**

そうしたら、可能範囲外は、全部ばっさり切り捨てるのです。あくまでも冷静に、**「もう、ここは目指さない」**ということを決めてください。ちょっとつらいかもしれませんが、そうやって割り切っていった方があとがずっと楽です。

人生は常に変化していきますから、これは1回やって終わりではなく、節目節目でやってみるといいでしょう。まずは35歳くらいで第1回をやっておくとベスト。

私の40代の知り合いの女子はこれをやってみて、自分は海外セレブやオードリー・ヘプバーンのような永遠のおしゃれアイコンみたいに超イケてるわけではないけれど、まあまあOKくらいにはできていることがわかったし、どうすればそこそこイケてる感じをキープできるかわかった、と言っていました。

私たちがめざすおしゃれのベクトルは、キレイを仕事にしている人たちがめざす方向とはまったく違います。ですから、憧れるのはいいけれど真似してはダメ。

スポーツでいえば、スキー選手の才能があるのになんでわざわざ転向してプロ野球選手をめざすの？というくらい、畑違いのことをしていると思った方がいいでしょう。

私たちは、**「日常生活がうまくいくくらいのキレイ」ができていればウルトラじゅうぶん**です。それは、「普通としての才能」があるということなのですから。

それを忘れてうっかりおかしな転向をめざさないよう、このおしゃれリセットは、40代、50代と、やっていくといいと思います。

# 「頑張りポイント」と「頑張り損ポイント」を見つけよう

少し前、私はあることで落ち込んでまったくやる気が起きず、どうしようもない格好で毎日家にこもって原稿だけ書いているような生活を送っていました。

何もかもおっくうだったのですが、その日は前々から友人と歌舞伎を観に行く約束があったので、気力をふりしぼって、よそいきブラウスにライダースを羽織って気合いを入れ、マスカラも塗って、久しぶりに穴ぐらから外へ出ました。

そして友達と待ち合わせ場所で合流。始まる前に腹ごしらえをしようとおしゃれハンバーガー屋さんに入ったら、そこの店員さんが、「あ、これから海老蔵さんですか？　お二人ともかっこいいですね」とほめてくれたのです。

2人とも、意表を突かれてびっくり。でも、「なんだかアメリカみたい♪」と途端に嬉しくなって、あれほどヒドい毎日だったのに、すっかり元気になってしまいました。

いつでも頑張る、という気力はもうないけれど、メリハリをつけて、おしゃれも頑張れるときは頑張ってみよう。そんなふうに思えました。

## いつもできなくて当たり前

「自分はこれくらいできるはず」という思い込みが強いと、できなくなったときひたすら落ち込んでしまいます。でも、できないのが当たり前と思っていると、少し頑張ってできたときは、「こんなことまでできた!」とものすごく嬉しい。

いつでも頑張って平均点以上をねらうのは無理だけど、**いざというときに頑張れるよう、お金やパワーをとっておく**。そうやっておしゃれエネルギーを調整して、自分にOKを出しながら生きていきたいものだ、と今は思っています。

いっそのこと、「私はこれができます」というプロフィールではなくて、**「私はこれができません」という裏プロフィールを作っておく**とよいのではないでしょうか?

たとえば、似合う色は黒。苦手なのは色物。ワイドパンツは不得意。ヒールなら4・5センチまで。スニーカーは似合わない。気付いた時にそうやって全部リストにしていくのです。このリストがあれば、雑誌を見たり、ショップで一目惚れしてしまったりしても、冷静になって買う／買わないを判断できます。

何年かするとできないことが増えているかもしれませんが、それはそれ。以前できなかったけれどできるようになったこともあるかもしれません。

そのときそのとき、**おしゃれプロフィールをアップデート**し、「できること、できないこと」を自覚しておけば、あまり世間に振り回されることがなくなると思うのです。

## 「頑張りポイント」と「頑張り損ポイント」

昔は〝ハンサム・ウーマン〟幻想があって、仕事も家庭も、努力すればなんでもできるように思われていました。でも、私の感想ですが、今は何事も調子よく運びづらい時代になってきたように思います。

だから今は、**すべて頑張るのではなく、〝頑張りどころ〟を見つけられた人が勝ち。**

ではどこが頑張りどころかというと、「私はこれが好き！」「これなら頑張れる！」というところです。反対に、「そこは頑張ってもあまり意味がないよね……」という「頑張り損ポイント」もあります。

友人のヘアメイクアーティスト、山本浩未さんが言うには、美人は、実は2種類に分けられるのだそうです。それは、**「麗人」と「美人」**。「麗人」というのは、吉永小百合さんにように時代に左右されない、生まれながらの美しさを持つ人で、他の人がそこを目指しても絶対に無理ですから「頑張り損」になる確率大です。一方「美人」は、今なら「あいみょんかわいい」というように時代時代で基準が変わり、努力や工夫で誰もがなれる可能性があるので、「頑張りどころ」になります。

そもそも「美」という漢字は、「羊」が「大きい」と書き、古代の中国では羊が神聖な動物だったので、それが大きいことはよいことと考えられていた、ということに由来するそう。つまり、「美」というのは羊が大きいくらいのありがたさ、ということですね。

これを聞いて思ったのは、私が「あの人はブス」と感じるのは、**「行動がブス」な人。**所作や考え方など、行動ブスな人は、どんなに顔立ちが美しくても好きにはなれないし、一緒にいたくもありません。でも逆に「行動美人」は、誰からも素敵と思ってもらえます。

ちなみに、私の「頑張りポイント」は笑顔。今これを読んでいる40代までのみなさんはわからないと思いますが、ほうれい線を隠す最大の方法は笑顔なんです！（笑）

だから私は、好きな人と会うときはいつも笑顔を頑張っているというわけです。

# Chapter 6

# これからも、おしゃれを楽しむために

# 「転ばぬ先の杖」を手放そう

以前、『着かた、生きかた』という本で書いたのですが、私は、35歳を過ぎたら生き方が着方に表れると思っています。

だから、こんなにファッション教則本（それも、冒険しようというものはなくて、「無難だけどおしゃれ」「プチプラだけどおしゃれ」「これさえあればおしゃれに見える」というものが多い）が流行っている時代は、ああ、みんな失敗したくないんだな、〝転ばぬ先の杖〟をつきながら、そろりそろりと先へ進もうとしているんだな、と思います。

こんな時代にしてしまったのは、先を行く私たちが「失敗しないための情報」ばかり垂れ流してきたのもひとつの原因でしょう。

私たちが伝えてきたのは、「このルールを知っていれば失敗しませんよ」ということ。でも本当は、今さら言いづらいのですが、**「ルールがあっても失敗する」**のです。だって、ルールというのは応用範囲に限りがあり、ほとんどの人はそこからはみだしてしまうから。しかも恐ろしいことに、ルールは刻一刻と変わります。

だから、自分で失敗をちゃんと経験して、マイルールを作り上げた人が最強。**「エラーは将来のおしゃれの肥やし」**と考え、どれだけエラーを経験したかが、40代以降のおしゃれを決めます。深い谷があるからこそ、高い山もある、というわけです。

## 失敗上手になりましょう

私がなぜ、こんなに失敗失敗というのかというと、これから先、私たちが経験する失敗は、おそらく、こんなもんじゃないからです。

さきほども言った通り、今は**知らないうちに明治維新が起こっているくらいの変革期**ですから、どんなことでも、失敗して当たり前。うまくいかなくて当たり前。

ここからさらに、世の中は大きく変わっていくでしょう。そうしたら、いくら準備していても、予想外の展開や、今までなかった価値観がどんどん生まれてきます。

そのとき、いくら〝転ばぬ先の杖〟をいっぱい持っていたとしても、もう絶対、**誰でも何回かは転んでしまう**可能性があると思うのです。そうしたら、今まで1回も転ばずに来た人はダメージがとても大きくなってしまうし、リカバリーの方法も経験していないので、立ち直るのにすごく苦労してしまいます。

そのときのために、**今からこつこつ失敗をしておく**ことをおすすめしたいのです。

## 失敗から立ち直るための小さな失敗

私は職業柄、「いつもすごくおしゃれに気を使っているんですよね?」と思われていますが、実際は、スタイリストという仕事は、他人をきれいに見せるのが仕事であって、自分が着飾ることが仕事ではありません。ですから、「あ~こんなヒドい格好してきちゃった」ということだってしょっちゅうですし、失敗だってしまくりです。

あるときはカールヘアにしようと思ってパーマをかけたら、髪の毛の量が多すぎて大爆発。「なんか……大丈夫ですか?」と人から言われるくらいファンキーになってたいへんな目にあいました。もっと若い頃は、おかっぱにしたら、やはり前髪の分量のせいでお菊人形か岸田劉生《りゅうせい》作「麗子像」そっくりに。

こうした失敗のおかげで、「ああ、これはなしね」というのがわかってきたのです。

これはたかだかヘアスタイルのことではありますが、人生だって同じこと。

失敗のいいところは、失敗から学べるということだけでなく、**失敗に慣れることによって免疫ができ、ダメージを少なくできる**ということ。そして、**失敗から立ち直る方法もわかってくる**ということです。


若いときの失敗が40代以降のおしゃれを決めると言いましたが、若い頃失敗すれば40代以降はもう失敗をしなくなるということはありません。そのときそのときで状況も違いますから、いくつになっても失敗は起こり得ます。でも、若い頃の失敗の経験値が高ければ、「ああ、このパターンね」と、40代を過ぎたらあわてず騒がず、落ち着いて対処できるのです。

そうやって失敗とよい距離をもっておつきあいすると、時代の荒波にも溺れることなく、乗りこなしていけると思うのです。

# 時代を逆手にとってサバイブする

今は、明治維新とか「戦前・戦後」と同じくらい、世の中が大きく変わっている時代。

ですが、そんなたいへんな時代なのに、意外と私たちの頭の中はまだ前の時代を引きずっていたりします。

おしゃれでいえば、まるでぽーっと催眠術にかかったように、「ワンランク上」とか「一生物」とか「高見え」とか、そんな昔の価値観に多くの人がいまだにしばられています。

しかも催眠術がかけられていることに気づいていないので、毎日の生活と頭の中がちぐはぐになって、「なぜだかわからないけど苦しい」ということになっているのではないでしょうか?

たぶんこれは、子供の頃、私たちが受けた学校教育の影響。学校では、4月生まれの人もいれば3月生まれの人もいるのに、みんな同じ「○年生」として、同じことをやらされます。でも本当は、4月生まれと3月生まれでは、学年は同じでも丸々1年の差があります。

その一人ひとりの違いを無視して「せーの！」でいっせいに何かやることに、私たちは慣れてしまったのだと思います。「女性だからこうしなさい」「40代ならこれが当たり前」と一括りにして**「みんな一緒」の呪い**をかけるのは、この考え方の癖が染み付いてしまったからでしょう。

でもそろそろ、これは催眠術だということに気づいて先にいく時。元号も変わったことですし！

こんな時代に大事なのは、あえて、**変化を逆手にとってサバイブする意識**です。

## 40代、60代のロックTシャツもあり!?

これは、おしゃれも同じこと。

ハイブランドは今もあるけれど、全体にどんどんカジュアル化が進んでいるので、そもそもあまり高い服が必要ない。「30になったらこれくらい持っているべき」という基準もなくなり、個人個人が自由におしゃれを楽しめる時代になっています。

**今必要なのは、「自分が好きか、嫌いか」と、おしゃれを自分軸に戻すこと。**「私はこれが好き!」と思ったら、人から見たらバカなことにお金をつっこんだっていいし、年齢も性別も関係ありません。

以前、ツイッターで「四十過ぎてロックTシャツを着るのは非常識」といった内容をツイートして炎上してしまった人がいました。でもみなさんご存知の通り、20代でもロックTを着たくない人だっているし、60代でもかっこよく着る人はいます。だいたい、**ロックアーチスト自身が、70代で現役**だったりするではないですか!

ネットフリックス社長が、もう、人々が見たい番組は年齢も、性別も、収入も関係ないと言うように、本当に**「人それぞれ」**になったのです。

そんなネットフリックスが制作したオリジナル番組に、私の大好きな『メリー・アン・シングルトンの物語』というドラマがあります。ＬＧＢＴＱの人たちやさまざまな世代、年齢、人種の人たちが暮らすサンフランシスコのアパートを舞台にして、同性同士の恋愛や、病気、宗教など、問題を抱えながらも乗り越え、成長していく人々の姿を描く大人気のシリーズです。

このドラマを見ていると、「多様性ってこういうことだなあ」と、自然に理解することができます。日本にいると、同じ目の色、肌の色の人がほとんどなのでつい価値観が画一的になりがちなのですが、それは、ふだん、さまざまな人種の人や同性愛カップル、障害のある方たちを見慣れていないだけのこと。同じ生活の場に多様な人たちが増えてくれれば、人々の価値観も自然に変わっていくはずです。

「人それぞれ」になると、「みんないっしょ」の安心感はないかもしれませんが、そのかわり、**「なんで私だけ違うんだろう？」という窮屈さからは解放されます。**

自分にかかった催眠術をといて、価値観を自分軸に戻せば、楽しむ方法はいくらでもあるというのが、これからの時代の面白いところだと思うのです。

そんな時代を、これまでのルールにしたがって安心して生きるのもいいのですが、「逆手にとる」という、ちょっと違う生き残り方を模索すると、きっともっと楽しく生きられます。

もう、世界はそれに向かってどんどん先を行っています。

そう、人生もおしゃれも7、8割でOK！

自分なりに時代とつかず離れずでつき合いながら、無理しすぎず、疲れず、楽しく生きていきましょう。

# おわりに

この本を書き進むにつれ、私も改めて確認できたことがありました。

平成の時代まで私たち日本に住む人は、失敗を許さず完璧を求め過ぎていたのではないでしょうか？　「女たるものおしゃれも子育ても家事も頑張れるはず」、さらに、それに仕事も加わって全てこなそうとしたらそれだけでもう一杯一杯。いわゆる一昔前に雑誌で散々煽られていた「ハンサム・ウーマン思想」ですね。自分たちでハードルを上げ過ぎてしまい、いわゆるキャパ越え、そのためみんな疲れてしまった。

で、「もうそんなの無理！」というのが今なのではないでしょうか？

ふと、こんなに真面目で何事にも真剣に取り組む国民って世界中探しても日本人だけなのでは？　と考えるようになりました。

きっかけは、この本に取り掛かっている最中に行ったロンドン旅行です。

イギリスといえば大英帝国！（笑）全てに真面目できちんとした印象でしたが、実際は大違い。地下鉄もバスも普通に遅れるし、行き先さえ変更になる。

日本のＪＲに当たる鉄道でスコットランドからくる友人をサウスケンジントンの駅に迎えに行った時も、列車が30分以上遅れているとＬＩＮＥが入るし、駅構内の時刻表掲示板前には大荷物を持ったたくさんの旅行者が困り果てた顔で掲示板を見上げていました。そこには数十本の列車がキャンセルや遅延になったと表示が出ていたのです。日本でしたらこんなことあり得ませんよね。ニュースになるくらいの大問題です。

でも、こんなことイギリスでは日常茶飯事らしく、みんな「仕方がないよね」で済んでしまう。さらに異常気象で暑かったとはいえ人々の服装もカジュアルを通り越して町中が「投げやりなワンピースか短パン」というドレスコード（?）。

フェイスブックでは「日本では家庭で作る食事に完璧を求めすぎる」との投稿を見かけました。それに対して、ロスアンジェルス在住の日本人の友人がコメントをしていて、彼女の息子は現地の幼稚園に入って「ねえママ。みんなお菓子みたいなランチしか持ってこないんだよ、僕は、『すごい！　お弁当にお寿司』って驚かれちゃってる。おにぎりなのに」と言われたそうです。

アメリカのお弁当といえば食パンにピーナッツバターを塗っただけのものが定番で、忙しいママたちにはキャラ弁なんて考えられません。キャラ弁を作るのも愛情かもしれませんが、「お弁当は簡単にして、その時間を他に使って子育てする」というのも愛情です。

また最近、「暴力や麻薬、教育問題だけが貧困を作るというのは間違い。日本はあんなに真面目に勉強もしているのに貧困なのだから」とアメリカの人にツイッターで指摘されていたこともショックでした。

昭和、平成と今まで完璧な人生を目指して、私たちは何事もすごく頑張ってきました。でももしかして、「１００パーセント完璧」ってもはや時代遅れな古い考え方なのではないでしょうか？　世界の流れからも知らないうちに外れてしまっているのかもしれません。

これからは人生もおしゃれも7、8割！
無理し過ぎない、疲れない。
それがスマートなやり方です。物事は完成された途端に古くなります。
100パーセント完璧なクローゼットだって同じです。
いつも2、3割は、アイテムを空けて予算もスペースも残しておく。
その分毎年アップデートすれば良いのです。

完璧を目指し過ぎず、失敗を恐れず人生の肥やしとして生きていけたら、人生楽しく楽になりますよね。

LOVE　地曳いく子

**地曳いく子（じびき・いくこ）**

1959年生まれ、東京都・築地出身。スタイリスト。

『non-no』をはじめ、『MORE』『SPUR』『Marisol』『éclat』『Oggi』『FRaU』『クロワッサン』などのファッション誌で30年以上のキャリアを誇る。

近年では女優やモデル、著名人のスタイリングにとどまらず、ファッションアイテムのプロデュースやTV・ラジオ等に出演するなど多方面で活躍。

ベストセラー『服を買うなら、捨てなさい』をはじめ、『着かた、生きかた』（以上、宝島社）、『50歳、おしゃれ元年。』『ババア上等！　余計なルールの捨て方　大人のおしゃれDo!&Don't』『ババアはつらいよ　アラカン・サバイバルBOOK』（以上、集英社）、『買う幸福』（小学館）、『おしゃれ自由宣言！』（ダイヤモンド社）など、著書多数。

---

おしゃれは7《しち》、8割《はちわり》でいい

2019年9月30日　初版1刷発行

著　者　地曳《じびき》いく子《こ》
発行者　田邉浩司
発行所　株式会社 光文社
〒112-8011　東京都文京区音羽1-16-6
電話　編集部 03-5395-8172　書籍販売部 03-5395-8116　業務部 03-5395-8125
メール　non@kobunsha.com
落丁本・乱丁本は業務部へご連絡くだされば、お取り替えいたします。
組　版　萩原印刷
印刷所　萩原印刷
製本所　ナショナル製本


ISBN978-4-334-95114-6